Venise exquise

DU MÊME AUTEUR

Indes, Paris, Payot & Rivages, 1994 ; rééd. « Petite Bibliothèque Payot/Voyageurs », n° 372, 2000.

Venise chronique, Paris, Payot & Rivages, 2001.

Jean Clausel

Venise exquise

Histoires gourmandes et recettes

Payot

Dessins : Jean Clausel.

Une première édition de ce texte a paru chez Robert Laffont en 1990.
Cette nouvelle édition a été largement revue et augmentée.

À toutes les cuisinières de Vénétie.

Sommaire

Prologue

La cuisine est toujours un voyage. Dans le temps et l'espace. Promenade dans un potager ou un jardin de simples, course chez l'épicier voisin – lequel, le plus souvent, prendra plaisir à évoquer les recettes de son pays d'outre-Méditerranée –, acquisitions comestibles parfois mystérieuses au hasard de lointains circuits procurent aux curieux de gastronomie l'émotion des découvertes et des expérimentations. Chaque plante, chaque produit a son histoire, qui vient souvent de fort loin et que nous acclimatons à notre art de vivre. Sans même le réaliser, bien souvent, dans nos cuisines, nous redevenons des croisés de retour de l'Orient.

Que dire aujourd'hui des saveurs les plus banales, voire vulgaires, ou les plus exotiques procurées par la « mondialisation » ? Ces apports multiples, ces mélanges si variés nous distraient aussi, comme un manège devenu fou, de la perte irrémédiable de la saveur des choses.

J'ai eu la chance d'être formé à la cuisine de nos provinces gourmandes et à la civilité d'il y a cinquante ans. Alors, chacun des produits possédait la rareté d'une véritable œuvre d'art façonnée par la tradition, le savoir, le temps surtout. Aussi, j'éprouve une immense nostalgie vis-à-vis de ceux qui ne sauront jamais le goût de la vérité – et dois-je dire qu'il me paraît hélas possible d'étendre cette réflexion à l'ensemble de notre vie ? Car la production que nous connaissons, si uniformisée et poussée, se fait au seul profit de la quantité, de la fadeur et...de ses commanditaires. Ainsi les recettes culinaires de voyage relèvent-elles de l'envoi de cartes postales.

Pourtant il est un lieu, celui au monde qui certainement provoque la pratique la plus névrotique de cet art elliptique et mineur de la carte postale, un lieu où la saveur des choses reste intacte et illustre parfaitement mon idée de la cuisine-voyage : Venise ! Ici, j'entends le chœur des touristes s'écrier : « La cuisine de Venise ? Bof ! Mais dites-nous donc en quoi elle consiste ? » Oh ! bien sûr, l'idée de la gastronomie vénitienne est submergée par les *menù turistico* à 19 900 lires ou les scabreuses pratiques des rabatteurs en tous genres qui guident les pas traînants des visiteurs sur des circuits rétribués par toute cette population qui ne sait plus écouter son inspiration pour s'éloigner des parapluies multicolores émergeant de leur troupeau débraillé.

Je ne m'adresse qu'à des individus curieux et solitaires que je veux convaincre de flâner au marché du Rialto, par exemple, afin d'entreprendre la vivifiante promenade parmi les saveurs de la Lagune et de la Terraferma, admirer, palper, humer, goûter les artichauts de San Erasmo, les petites salades ou les pêches et abricots de Cavallino, le raisin et les cerises de Vignole, les melons et pommes de terre de Sottomarina, les figues de Malamocco, les poivrons et petits pois de Treporti, les asperges de Bassano, les légumes de Lusia – campagne près de Rovigo... Notre amateur matinal observera sur le Grand Canal la course des barques chargées des victuailles multicolores approvisionnant la ville. On prétend avec quelque raison trouver dans ces transports l'origine des régates : pêcheurs et maraîchers venus des îles lagunaires se pressaient afin de prendre les meilleures places sur les marchés.

Ma vie aussi fut une régate. Ses mouvements de monde, de paroles, de bruits, de couleurs, de sensations satisfirent souvent ma curiosité, me permirent d'apprendre quelques usages et, parfois, m'offrirent un peu d'amitié.

C'est l'amitié qui fut à l'origine de ce recueil. Autrefois, au casino du Baffo, je me plaisais chez Vittoria de Buzzaccarini devant une table débordante de mets autant que d'affection. Souvent, je me suis approché du fourneau, ai soulevé le couvercle d'un poêlon jusqu'au jour où, enivré par quelque fumet rare, j'ai demandé à la maîtresse de maison de m'aider à offrir à tous les amoureux de Venise le plaisir et la capacité de préparer sa cuisine. D'autres avis ont été recueillis, secrets et petites histoires pieusement notés, mais, afin de ne pas décourager les bonnes intentions, un critère de facilité a présidé au choix des recettes. Je voudrais citer toutes celles et tous ceux qui me régalèrent durant trente ans, mais la liste du pique-assiette que je suis serait aussi longue que celle des conquêtes de don Giovanni. Qu'on se rassure, dans la meilleure – et si comptabilisatrice ! – tradition de la bourgeoisie française, le pique-assiette patenté sait aussi « rendre » les invitations. À commencer par l'hommage de ce livre à tous les cuisiniers et cuisinières de Venise. Sait-on d'ailleurs que c'est à Venise que l'on édita le plus grand nombre de livres de gastronomie : 450 ouvrages de 1454 à 1899 contre 150 à Paris durant la même période, sur un total européen de 2 073 publications ?

Le jour – 11 août 2001 – où je débute la révison de *Venise exquise*, j'apprends la mort de l'historien du goût Jean-Louis Flandrin, savant à l'esprit si affiné pour tout ce qui touche à la gastronomie et dont l'enseignement à l'université de Vincennes constitua le cours de cuisine le plus passionnant de notre époque. De Jean-Louis Flandrin on lira avec profit et beaucoup de plaisir *Fêtes gourmandes au Moyen Âge* (1998) et *Chronique de Platine. Pour une gastronomie historique* (1992)... *Venise exquise* constituera aussi mon très modeste hommage à ce maître.

Le lecteur découvrira très vite les grandes lignes de la cuisine vénitienne.

En premier lieu, il s'agit d'une cuisine de marins et, dirons-nous, de bateau (certains de ces plats se conservent plusieurs jours, voire plusieurs semaines). Chacune de ces préparations se prête à des arrangements et donne lieu à des plats nouveaux... Il s'agit de ne jamais rien jeter ! Tout se conserve, se transforme, s'enrichit... Les restes, les bouillons de cuisson trouvent une utilisation ; on cuit, on recuit, on ajoute, on allonge, et cela continue dans l'enchaînement des repas de la semaine.

Cette cuisine est servie dans les modestes logements du Castello comme sur les tables des palais.

La fastueuse Venise connut aussi de terribles périodes de vaches maigres : en 1822, une *Cuisine économique* y fut éditée, sans nom d'auteur ! Pareille considération explique en partie, sans doute, l'importance du riz, l'« art » du riz, pratiquement ignoré dans les autres pays occidentaux, notamment en France.

Les amateurs trouveront là une source inépuisable d'émerveillements. Ils ne seront plus privés des délicieux risottos qui constituent pour les cuisiniers une leçon toujours renouvelée d'invention et d'esprit.

Car la cuisine vénitienne est trop intelligente, trop spirituelle, pour connaître les dogmes : il y faut plus de malice et de prestance que de sérieux.

Les recettes qui suivent restent informelles pour la plupart, les proportions peuvent varier ainsi que la composition et la mesure des épices et même des denrées plus primordiales. Chacun se trouve libre d'ajouter son grain de sel.

Cette liberté ne signifie pas que la gastronomie vénitienne ignore la tradition : Byzance, Rome laissèrent leurs traces ; les lointaines contrées conquises apportèrent leurs denrées dont nous retrouverons les effluves au hasard des recettes.

Enfin, par-dessus tout, existent l'immense réalité de la mer et le goût des Vénitiens pour les dons inépuisables de l'Adriatique.

La tradition gastronomique de la Sérénissime allie le faste à la simplicité, le rustique au raffiné : la fourchette – qui en langue vénète se dit *piron*, du grec *pyrros* (« le feu ») – fut inventée ici par la dogaresse Selvo, épouse de Domenico Selvo, au XIe siècle.

Ce qui parut en ces temps un raffinement coupable fut assez vite adopté par les familles patriciennes. L'ouvrage de la fin du XIVe siècle *De honesta voluptate et valetudine*, cité dans le recueil de recettes ci-après, préconisait l'usage de la fourchette.

Il n'en était pas de même en France à pareille époque, puisque l'utilisation de ces instruments surprit encore beaucoup en 1518 Jacques de Saigne, voyageur français.

Montaigne note aussi la présence sur les tables des cuillères et fourchettes, dont Henri III remarqua les agréments lors de son passage à Venise en juillet 1574. L'ex-roi de Pologne, roi de France, malgré son amour pour Marie de Clèves, s'y dépensa beaucoup en folles rencontres.

La chronique policière note que, chaque soir, par une porte dérobée, le jeune roi s'échappait du palais Foscari pour profiter des plus beaux ornements de la Sérénissime auxquels il distribuait ses largesses.

Les tables furent tout aussi somptueuses, décorées de plantes odoriférantes et d'arbustes d'où pendaient des fruits noués de nœuds de soie, de bassins d'argent où nageaient des poissons multicolores, de nappes parsemées de fleurs de soie parfumées. Les serviettes étaient nouées en forme de barque et imprégnées d'odeurs. Elles portaient, pour chacun des convives, son blason. Le service était assuré par les jeunes et beaux gentilshommes qui formaient la compagnie della Calza.

Ces raffinements et ceux de la cuisine où dominait l'emploi du sucre dans la soupe, le poisson et les sauces, en même temps que le poivre, le girofle, la noix muscade, la cannelle et le gingembre, décidèrent Pierre Buffet, le cuisinier du roi, à se fixer en Italie.

Il passa au service de Giovan Matteo Giberti et contribua à faire connaître en Italie la cuisine française.

L'histoire des fastes de Venise garde le souvenir de ces banquets superbes en l'honneur de généraux vainqueurs, de grands personnages ou de leurs épouses, destinés à servir les puissantes ambitions, inspirer confiance ou respect...

On cite les agapes d'un patriarche Grimani qui comportèrent quatre-vingt-dix plats et se terminèrent par des pâtés d'où, lorsqu'on les tailla, s'envolèrent des oiseaux.

Ces fêtes se terminaient souvent par des représentations poétiques ou musicales. Elles parsèment splendidement l'histoire de la Sérénissime, qui excelle toujours à les organiser.

En 1986, pour célébrer l'ouverture du palais Grassi aux manifestations culturelles prestigieuses, le comte Giovanni Nuvoletti reconstitua le banquet futuriste de l'Exposition coloniale de Paris en 1931. Chacun des artistes et intellectuels, initiateurs du mouvement futuriste, avait réalisé un chef-d'œuvre de forme, de couleur et de goût destiné à la déglutition, voie de l'éphémère vers laquelle l'art se dirige aussi parfois.

Ce menu de l'hôtel des Bains, dont le détail des recettes figure en appendice, présentait des plats aux couleurs vives et aux formes cubistes dont les noms donnaient à rêver : mer d'Italie, formule de l'aéropeintre futuriste Fillia ; canapés aigres-doux, de la signora Barosi ; ultraviril, du critique d'art futuriste P.A. Saladin ; risotto à l'orange, de l'aéropeintre futuriste Caviglioni ; viande plastique, de Fillia ; veau ivre, de l'aéropoète futuriste Bruno Sanzin ; faisan futuriste, de l'aéropoète Dott. Pino Masnata ; volcan de veau, de Caviglioni ; nourritures aériennes, de Fillia ; bombe à la Marinetti ; pommes simultanées...

Restons encore dans ces fastes et ces fantaisies afin de découvrir le calendrier gastronomique traditionnel de la Sérénissime.

Les fêtes

Les fêtes, à Venise, se célèbrent sur l'eau, d'où la ville naquit, qui la protège, lui donne son sens original, accordant pareil privilège à tout ce qui lui est apporté qui (les hommes mis à part !) devient vénitien dès que touché par son esprit.

La ville est faite d'eau, les éléments qui composent son art si spécifique sont des reflets aquatiques et des jeux de lumière.

Le Redentore survit depuis quatre siècles avec ses repas consommés sur les bateaux qui dansent sur le canal de la Giudecca... Dès le début de l'après-midi, les barques garnies de lanternes et de guirlandes de fleurs prennent place le long des quais ; le sacristain du Redentore aidé de jeunes frères capucins accroche au-dessus de l'entrée une lourde guirlande de feuillages sous laquelle le Patriarche, dans le soleil couchant du dimanche soir, élèvera sur la ville pour la bénir l'ostensoir d'or.

Comme je le note plus avant, un œil curieux remarquera les coloquintes phalliques mêlées aux verdures, qui donnent la mesure païenne de la vraie religion.

Les autres fêtes ne sont pas spécialement vénitiennes mais bénéficient ici de menus particuliers élaborés grâce aux matières premières et aux saveurs venues des lointaines colonies maritimes...

6 janvier : Fête de la Marantega ou de la Befana

La Marantega est une espèce de sorcière qui accompagne les Rois mages et emplit de jouets les chaussettes des enfants sages et de charbon celles des méchants.

On mange ou plutôt on grignote ce jour-là la *pinza,* oranges, mandarines et assortiment de fruits secs orientaux.

Le carnaval

Durant le carnaval, on déguste les *fritole* – qui ne sont pas des beignets. Ces gourmandises se préparent avec de la pâte à pain sucrée, mêlée de raisins secs et de pignons, pétrie avec un œuf, parfumée de quelques gouttes de grappa, l'eau-de-vie de Bassano del Grappa dont il sera souvent question à la fin de nos agapes. La pâte est partagée à la cuillère et ainsi jetée dans la friture. On se régale aussi des *galani* ou *crostoli*, feuilles de pâte sucrée, extrêmement fine, taillée en carrés et frite. Durant le carnaval, on fait encore des raviolis doux, raviolis farcis de confiture ou de moutarde sucrée – la fameuse moutarde vicentine, à base de fruits confits et de miel, que l'on fabrique pour l'hiver.

Pâques

Chevreau ou agneau rôti de Dalmatie avec des artichauts violets de Chioggia à la cocotte. Les meilleurs artichauts proviennent de San Erasmo. Si Pâques est tôt (en Italie on dit : « *Pasqua è bassa* ») les artichauts ne pourront être utilisés. Le dessert est la fougasse, *focaccia* en italien, *fugassa* en dialecte. À l'occasion de la Pâque juive, un délicieux dessert est le « serpent », rouleau de pâte sucrée fourré d'une sorte de pâte d'amandes et enroulé en forme de serpent.

25 avril, jour de la Saint-Marc

C'était le menu des doges : riz aux petits pois ; pommes et poires en morceaux cuits ensemble.

Troisième samedi de juillet, vigile du Redentore

Sardines à l'aigre, canard rôti, haricots au vinaigre, escargots de mer à l'ail et à l'huile en attendant de passer à table, et, comme dessert, pêches cuites au four et farcies de brisures de biscuits et pâte d'amande ou glacées. Pour finir, la pastèque fraîche et l'eau-de-vie. De la pastèque, un proverbe dit : on la boit, on la mange, on s'en lave...

L'Ascension

Des croquants aux amandes de Sicile.

2 novembre

À l'occasion du jour des Morts, on mange des biscuits ronds faits de pignons, de sucre et de blanc d'œuf, parfois colorés et que l'on nomme *fava* ou *fave dei morti*.

11 novembre

Pâte de coings aromatisée au sirop de roses de Rhodes, taillée en forme de saint Martin et décorée de bonbons colorés.

21 novembre, fête de la Madonna de la Salute

Bouillon de bœuf aux feuilles de choux, croquants et beignets de pomme. Mais le plat traditionnel est la *castradina*, une soupe de viande d'agneau. La castration des moutons est toujours pratiquée en France comme en Italie, où l'on sait que l'on fit des castrats jusqu'à la fin du XIXe siècle. Elle permet de produire les viandes au goût moins fort appréciées dans nos pays. Quoi qu'il en soit, il s'agit d'une préparation assez longue que l'on peut réaliser à partir de morceaux de gigot cuits et recuits dans un bouillon de choux. Je conseille aux amateurs de la savourer sur place en novembre, car elle est fréquemment servie en Vénétie à cette période.

Vigile de Noël

Risotto de petits poissons ou, à Burano, riz et haricots au bouillon de petits poissons. Puis, pour les riches, le *branzino* et, pour les autres, l'anguille de diverses façons y compris en marinade et une friture de poissons.

Noël

Chapon gras au pot, raviolis cuits dans le bouillon de cuisson, purée, épinards. Au dessert, le *mandorlato* est de rigueur – le meilleur est celui de Cologna Veneta. On tartine encore la moutarde douce avec le mascarpone sur les fameux *baïcoli,* ces sortes de langues de chat qui jouissent d'un regain d'intérêt.

Les soupes

Un bouillon noir historique. – La plus classique : la pasta-fagioli. *– Une simple soupe de haricots. – Soupe de riz au persil. – Bouillon de riz aux petits pois. –* Zanzarelle. *– Soupe de soie. – Riz et citrouille en soupe. – Soupe de langoustines. – Bisques. – Soupe de poisson. – Soupe de palourdes, coques, clovisses et toutes sortes de coquillages. – Polenta au lait. – Digression sur le pain.*

Un bouillon noir historique

Cette recette est tirée du *Libro nuovo nel qual s'insegna afar d'ogni sorta di vivande* de Cristoforo di Messisburgo, édité à Venise, l'an MDLXIII.

Le gentilhomme flamand, auteur de cet ouvrage, servait d'intendant aux Este de Ferrare et reçut de Charles Quint son titre de comte palatin pour son art d'organiser les banquets.

Ingrédients pour 8 personnes s'intéressant à l'histoire :

1 kg de bœuf dans le gîte
ou toute autre viande se faisant cuire au bouillon
500 g de raisins secs
500 g d'amandes
500 g de biscottes imbibées de vin
cannelle, poivre
miel
2 oignons
10 lardons, quelques tranches de lard

Passer ensemble à la moulinette une livre de raisins secs, une livre d'amandes, une livre de biscottes imbibées de vin.

Préparer 1 kg de bœuf – gîte ou tout autre morceau – comme un pot-au-feu afin d'obtenir un bon bouillon. On peut choisir aussi une autre viande à bouillir.

Lorsque la viande est cuite, la mettre à part et réserver le bouillon avec lequel on délaie le mélange : raisins, amandes, biscottes. Placer cette mixture à feu doux, porter à ébullition en ajoutant un peu de cannelle, une pincée de poivre et un peu de miel. Laisser bouillir 15 mn.

Pendant ce temps, hacher finement 2 oignons et les mettre à rissoler doucement avec les lardons.

Cette cuisson terminée, verser le contenu de la poêle dans la casserole et laisser encore bouillir 15 mn.

La consistance doit rester celle d'une sorte de consommé ou d'une sauce légère, mais on doit faire selon le goût et l'inspiration.

Passer encore les morceaux de viande bouillie à la poêle avec les tranches de lard (on peut imaginer plus digeste ?) ; les disposer sur un plat chaud et arroser de la sauce tenue très chaude.

La plus classique : la *pasta-fagioli*

La plus célèbre soupe de Vénétie. Très « reconstituante » l'hiver. On peut aussi la consommer froide en été.

Ingrédients pour 6 personnes :

1 kg de haricots rouges en grains
(On emploie la variété borlotto, *mais les meilleurs pour la* pasta *sont les haricots de Lamón, un village de la province de Belluno, et que l'on appelle donc* lamón, *à laisser tremper 12 h dans l'eau froide.)*
2 branches de céleri
4 ou 5 carottes moyennes
1 feuille de laurier
1 bouquet de romarin
1 couenne ou un morceau de lard fumé
1 os de jambon ou une queue de porc après l'avoir fait bouillir à part
300 g de macaronis courts – subioti *ou* trenette, *sortes de spaghettis à section elliptique*
(Les marques De Cecco ou Voiello sont à recommander.) Les nids de tagliatelles que j'indiquais lors de la première édition me semblent moins adaptés à la pasta-fagioli. *Mais, à défaut...*
sel, poivre

Cuire longuement les haricots (2 h, 2 h 30) dans de l'eau salée avec les branches de céleri, les carottes, la feuille de laurier, le bouquet de romarin, la couenne ou le morceau de lard fumé, l'os de jambon ou la queue de porc.

Écraser à la fourchette la moitié des haricots dans la casserole afin d'obtenir une soupe épaisse, le reste des haricots étant laissés entiers. Maintenir à ébullition et y jeter les macaronis.

Laisser cuire la *pasta* comme indiqué – suivant le modèle de pâte choisi – en tournant à la cuillère de bois.

Servir très chaud, ou tiède. Ou encore froid en été, toujours avec un jet d'huile d'olive et bien poivré.

UNE SIMPLE SOUPE DE HARICOTS

Ingrédients pour 6 personnes :

1 kg de haricots rouges (en Italie : borlotto)
à laisser tremper 12 h dans l'eau froide
2 branches de céleri
4 ou 5 carottes moyennes
1 feuille de laurier
1 bouquet de romarin
4 oignons
100 g de lard de poitrine haché
sel, poivre

Utiliser des haricots fraîchement égrenés ou, s'il s'agit de haricots secs, les laisser une nuit dans l'eau avec une pointe de bicarbonate puis, le matin, les mettre à bouillir dans une eau nouvelle (certaines cuisinières ajoutent du lait) jusqu'à cuisson complète, environ 2 h, 2 h 30.

Dans une cocotte ou une terrine, faire rissoler les oignons émincés avec le lard haché (on peut remplacer ce dernier par de l'huile d'olive).

Passer à la moulinette la moitié des haricots et les mélanger aux autres.

Verser le tout sur les oignons en ajoutant du jus de cuisson des haricots.

Laisser bouillir 30 mn en allongeant s'il le faut de bouillon, saler légèrement.

Pour une soupe plus épaisse, écraser quelques pommes de terre bouillies avec les haricots, ou encore délayer dans le bouillon une cuillerée de farine ajoutée à la purée de haricots et laisser bouillir 10 mn en tournant à la cuillère de bois.

Poivrer au dernier moment, servir brûlant ou chaud avec quatre ou cinq croûtons frits dans l'huile disposés dans chaque assiette et verser le bouillon dessus.

Remarque : Utiliser les restes de cette soupe pour la *pasta-fagioli*. Ajouter alors des pâtes de son choix et les faire cuire dans la soupe si elle est assez fluide ou additionnée de bouillon dans le cas contraire.

Soupe de riz au persil

Ingrédients pour 6 personnes :

3 ou 4 pommes de terre épluchées
3 poignées de riz (de préférence du riz du Piémont)
2 l d'eau salée
1 oignon
1 bouquet de persil haché
1 œuf battu avec 60 g de parmesan râpé
(proportions variables selon le goût de chacun et l'inspiration)

Porter à ébullition les pommes de terre et l'oignon dans de l'eau salée. Une fois les pommes de terre cuites, retirer l'oignon du bouillon et y écraser les pommes de terre. On peut faire cela au batteur.

Lorsque le bouillon est bien homogène, y jeter le riz par poignées, laisser cuire 18 mn en tournant de temps en temps.

On peut en même temps hacher le persil, puis le

jeter dans le bouillon, suivi de l'œuf battu avec le parmesan.

Servir très chaud dans une soupière.

Bien noter que persil, œuf et parmesan sont ajoutés au bouillon après la cuisson du riz, c'est-à-dire au bout de 12 à 15 mn environ.

Pratiquer la même recette en utilisant des épinards à la place du persil, 500 g d'épinards frais hachés crus sont nécessaires, mais alors ne pas ajouter d'œuf. Jeter les épinards 2 mn avant de servir (les épinards cuisent très vite et conservent leur belle couleur verte). Saupoudrer de noix muscade.

Bouillon de riz aux petits pois

Ingrédients pour 2 personnes :

0,5 l de bouillon de volaille instantané
1 poignée de riz, 1 poignée de petits pois
50 g de jambon cru
1 oignon, persil
1 cuillère à soupe d'huile d'olive
1 pointe de sucre

Faire revenir dans une casserole du jambon et de l'oignon avec de l'huile d'olive.

Ajouter les petits pois que l'on vient d'ébouillanter et, tout aussitôt, le bouillon de volaille préparé avec un cube. Saler, poivrer, saupoudrer d'une pointe de sucre.

Lorsque les petits pois sont cuits, ajouter le riz et allonger de bouillon – ou d'eau – au fur et à mesure de la cuisson qui dure 18 mn.

L'une des grandes traditions culinaires du Veneto consiste tout simplement à utiliser les légumes de saison. Lorsque au mois de mai tous les potagers produisent les petits pois les plus tendres, chaque table est parfumée presque quotidiennement des si délicats *risi e bisi* qui peuvent devenir des tagliatelles aux petits pois : utiliser alors des tagliatelles à la place du riz et les laisser cuire seulement 6 mn.

ZANZARELLE

Existe-t-il un rapport avec les *zanzare,* les moustiques ? Je ne sais...

Cette recette de soupe provient d'un livre de cuisine édité à Cividale – près de Venise – en 1481, sous le merveilleux titre *De honesta voluptate* ! Cet ouvrage parut en France en 1505 ; son auteur, Bartholomeo Sacchi, le signa du nom très publicitaire de Platine de Crémone. Il s'agissait d'un personnage proche du Vatican qui souhaitait établir les recettes pratiques d'une sorte d'art de vivre [1]. L'usage de la fourchette y est recommandé ainsi que celui de se laver les mains.

Ingrédients pour 6 personnes :

1 œuf
60 g de parmesan râpé
60 g de chapelure
1 l de bouillon
noix muscade
porto ou cherry

1. C'est autour de ce personnage que Jean-Louis Flandrin a écrit *Chronique de Platine. Pour une gastronomie historique* (Odile Jacob, 1992).

La recette est facile : battre l'œuf avec du parmesan, de la chapelure et une pincée d'épices, de la noix muscade par exemple.

Verser le mélange dans un bouillon bouillonnant préparé avec un extrait de viande additionné d'une cuillère par personne de porto ou de cherry, sans cesser de tourner.

Servir chaud.

SOUPE DE SOIE

Ingrédients pour 5 à 6 personnes :

1,5 l de bouillon
3 poignées de riz
500 g de courgettes
2 œufs
1/2 citron
sel, noix muscade

Préparer un bouillon avec de l'extrait de viande.

À l'ébullition, jeter le riz – une demi-poignée environ par personne – et saler.

Émincer en fines rondelles les courgettes non pelées. Après 16 mn, plonger les courgettes dans la casserole et après 1 mn, retirer du feu.

Dans la soupière, battre les deux jaunes d'œufs avec le citron puis ajouter les blancs montés en neige très ferme. Y verser lentement la soupe en tournant à la cuillère.

Râper de la noix muscade et servir.

Pour expliquer sa consistance soyeuse et ces courgettes presque crues, on racontait à Vittoria petite fille que ce potage venait avec Marco Polo de la Chine !

RIZ ET CITROUILLE EN SOUPE

Ingrédients pour 6 personnes :

1 belle tranche de citrouille (environ 1 kg)
3 poignées de riz
1 oignon
2 cuillères d'huile d'olive
0,5 l de lait
cannelle, sel

Placer la citrouille dans la Cocotte-Minute avec 3 cuillères d'eau, faire cuire 10 mn environ, l'éplucher alors et la tailler en dés.

Dans une casserole, à feu doux, mettre sur l'huile l'oignon haché très fin et la citrouille, verser un verre d'eau, couvrir et laisser mijoter jusqu'à ce que l'oignon fonde et devienne transparent.

Ajouter le riz en tournant, puis verser de l'eau (environ 0,5 l). Laisser cuire 15 mn à feu très vif de façon que les morceaux de citrouille se délitent.

Verser le lait, poudrer de cannelle, saler et laisser encore cuire 3 mn.

Servir chaud.

Soupe de langoustines

Ingrédients pour 5 personnes :

20 langoustines (4 par personne) environ 1,2 kg
1 oignon
2 carottes
quelques échalotes
4 tomates pelées et effilées
1/2 verre d'huile d'olive
farine, sel, poivre
1 petit verre de cognac
1 l d'eau
croûtons déjà frits à l'huile

Hacher un gros oignon avec les carottes et les échalotes.

Mettre à roussir dans l'huile d'olive.

Tailler les langoustines de la queue à la tête, les laver, les passer légèrement à la farine et les faire roussir en tournant la cocotte ou la poêle sans les toucher.

Mouiller d'un petit verre de cognac, saler, poivrer. Lorsque le cognac est évaporé, ajouter les 4 tomates pelées et taillées.

Verser 1 l d'eau bouillante, laisser bouillir 15 mn et servir brûlant sur les croûtons de pain déjà frits.

Bisques

Utiliser des restes de poissons et leurs cartilages, du laurier, des tiges de persil, du cerfeuil, du citron (zeste), de l'oignon, du piment, de la sauce tomate, du beurre. Il faut savoir une fois pour toutes qu'on n'emploie jamais de crème avec le poisson ! D'ailleurs, à Venise, comme en Italie, la *panna* est toujours plâtreuse et il est préférable de l'ignorer pour la cuisine.

Accompagner les bisques de croûtons de pain frits à l'huile d'olive.

Préparer 1 l de bouillon avec du laurier, du persil, du cerfeuil, 1 zeste de citron, 1 oignon.

Piler au mortier et passer environ 500 g de restes de poissons, les mettre à cuire dans le bouillon 20 mn.

Si l'on dispose de plus gros morceaux de poisson, les hacher et les introduire en cours de cuisson.

Épicer d'une pointe de piment, colorer d'un peu de sauce tomate ou, si l'on préfère, de safran.

S'il y a lieu, épaissir avec un peu de Maïzena diluée dans du bouillon que l'on met à chauffer quelques instants en tournant.

Disposer les croûtons frits dans les assiettes et verser le liquide brûlant.

SOUPE DE POISSON

Dans les maisons bourgeoises de Venise, on sert la soupe de poisson avec de la polenta – voir ci-après – et dans les palais, on l'accompagne de riz pilaf cuit avec du piment.

Ingrédients pour 6 à 7 personnes :

2 kg de poissons variés
1 kg de tomates très mûres
vin blanc sec
1/2 verre d'huile d'olive
1 bouquet de persil, 1 bouquet de laurier
sauge et thym
3 oignons, éventuellement 1 gousse d'ail

morceaux de pain rôtis dans l'huile d'olive
bon vinaigre de vin
sel, poivre, piment

Roussir les oignons finement hachés dans l'huile d'olive.

Ajouter les bouquets garnis avec les tomates pelées et coupées en quarts.

Laisser le tout s'imprégner à feu doux.

Préparer et enfariner légèrement les poissons, les ranger avec la friture selon leur consistance et leur résistance à la cuisson : les plus gros et les plus fermes sur la friture.

Mouiller d'un verre de vinaigre.

Bouger doucement sans cesse la casserole de façon que rien n'accroche.

Saler et poivrer.

Dès que le vinaigre est évaporé, couvrir le poisson du vin blanc allongé d'eau – moitié-moitié – et placer un couvercle sur la casserole pour couvrir aux trois quarts.

Le temps de cuisson va de 30 à 45 mn selon la qualité des poissons.

Au dernier moment, jeter la poignée de persil haché et l'éventuelle gousse d'ail...

Couvrir et laisser encore la préparation s'aromatiser 2 ou 3 mn.

Verser la soupe de poisson dans un plat creux chauffé où l'on a disposé les croûtons frits, servir très chaud.

Soupe de palourdes, coques, clovisses et toutes sortes de coquillages

Ingrédients pour 6 personnes :

2 kg de coquillages environ
1 verre d'huile
(d'olive ou d'arachide, ou 1/2 olive-1/2 arachide)
1 gousse d'ail ou 2 échalotes, 1 piment rouge
1 verre de vin blanc sec ou de champagne
1 bouquet de persil
30 croûtons
sel, piment doux en poudre

Laver et nettoyer les coquillages dans de l'eau de mer ou dans de l'eau claire vinaigrée.

Dans une casserole, faire blondir dans un verre d'huile 1 gousse d'ail ou 2 échalotes, puis les retirer.

Jeter alors les coquillages avec très peu d'eau, ou pas du tout, car les coquillages vont rendre la leur.

Tourner et couvrir 2 ou 3 mn jusqu'à ce que les coquillages s'ouvrent.

Ajouter un verre de bon vin blanc sec ou de champagne, un piment rouge, une abondante poignée de persil haché très fin, saler légèrement. Laisser cuire 5 mn afin que le vin blanc s'évapore et verser dans un plat creux de présentation où l'on aura disposé des croûtons grillés dans l'huile, éventuellement passés à l'ail avec du piment doux.

Polenta au lait

Le chapitre des soupes vénitiennes doit mentionner cette recette si facile qu'elle paraît banale. Et pourtant il s'agit d'une exquise douceur, tout à fait dans la tradition du Rialto.

Proportions pour 0,5 l d'eau salée :

125 g de farine de maïs

Tourner le plus longtemps possible (30 à 40 minutes) la farine jetée en pluie sur l'eau bouillante salée, y ajouter après 20 minutes un bon morceau de beurre et continuer à tourner. Pour ma part, je prends soin et fantaisie de saupoudrer ma préparation de quelques pincées de noix muscade râpée. Enfin, un de mes bons amis m'a offert récemment une machine à tourner la polenta. Une bassine de cuivre martelé munie d'un petit appareil et qui ne dépare pas ma cuisine. Si l'on veut faire les choses suivant la tradition, on verse la polenta sur un plateau de bois et on la place ainsi bien chaude sur la table.

Les convives s'en servent à la cuillère dans une assiette creuse ; chacun rajoute du lait frais à température ambiante avec lequel il délaie la polenta et saupoudre de parmesan gratté.

Je dois, dès ce premier chapitre, citer la polenta, vrai plat national des trois Vénéties, qui accompagne la plupart des plats traditionnels. Mais encore faut-il savoir comment se prépare la polenta : Goldoni en fait dire la recette par Rosaura à Arlequin dans *La Donna di garbo* – que l'on peut traduire par « La Dame de qualité » ; pensez aux Fiordiligi et Dorabella de *Cosi fan tutte*[1].

1. Quoique « historiquement » *Cosi* soit situé à Naples, le décor vénitien y est planté dès la première scène dans une *bottega del caffè*

« [...] on remplira une belle casserole d'eau et on la placera sur le feu (avec une poignée de sel – NDT). Quand l'eau commencera à murmurer, je prendrai cette poudre belle comme l'or, nommée farine jaune et, peu à peu, la laisserai fondre dans la casserole dans laquelle, toi Arlequin, à l'aide d'une verge savante, tu dessineras des cercles et des lignes. Quand la matière sera condensée, nous la retirerons du feu et tous les deux de concert, l'un aidé d'une grosse cuillère, nous la ferons couler sur un plat. On répandra dessus, à petits coups de main, un abondant morceau de beurre frais, jaune et délicat, puis autant de fromage jaune (évidemment, le parmesan – NDT) bien gratté, puis ? Puis Arlequin et Rosaura, l'un d'un côté, l'autre de l'autre, armés chacun d'une fourchette, nous prendrons deux ou trois bouchées à la fois de cette polenta si bien préparée et nous en ferons un repas d'empereur [...]. »

On peut noter que la polenta, toujours appréciée, constituait jusque dans les années cinquante la nourriture de base des paysans de la Terraferma. Évidemment, aujourd'hui, alors que toutes ces dames manipulent leur *cellulare* à longueur de temps, je doute qu'elles puissent tourner la polenta qui devient soit un mets bâclé, soit une rareté touristique. Il existe, bien sûr, de la polenta « précuite »...

Digression sur le pain

À défaut de polenta, on mange aussi du pain à Venise.

---

où baguenaudent les galants des demoiselles de qualité. Les barques, les Turcs albanais qui se succèdent dans l'œuvre sont autant d'images empruntées par Da Ponte à sa chère Venise...

Les boulangeries y montrent des pains aux formes très variées. Chaque coin de campagne vénète formait le pain à sa manière ; il y avait la *ciopa,* la *ciopeta,* le *paneto,* la *roseta...* Les moines faisaient le *bufeto* – qui se taillait en tranches ; les *potta* avaient la forme d'organes féminins, les *pandoli* représentaient des pénis en érection, les *bussolaï de Chioggia* dessinent des cordages... Le meilleur venait de Padoue : *Pan padovan, vin visentin, tripe trevisane e done venesiane !* « Pain de Padoue, vin de Vicenza, tripe de Trévise et femme de Venise ! » dit le proverbe.

Depuis toujours, on cuisait le pain et on confectionnait aussi les biscuits – « cuits deux fois » – à l'usage des navigateurs. En 1773, Venise comptait 62 fours à pain et les 62 boulangers employaient quelque 200 mitrons et commis.

L'un des plus notables historiens de Venise, Sanudo, raconte la construction en 1473, près de Saint-Martin, de 32 nouveaux fours pour approvisionner en biscuits les bateaux de l'Arsenal. Ces produits étaient connus pour ne pas subir la vermine. Ainsi, en 1821, découvrit-on à Candie des réserves de biscuits abandonnées par les Vénitiens en 1669, lorsqu'ils cédèrent l'île aux Turcs.

À propos des « boulangeries », le promeneur curieux (et infatigable) découvre ici et là une calle, une corte ou un ramo del Pistor ainsi que d'autres rues, cours ou passages del Forner. Le *forner* cuisait le pain pour les boulangers et les particuliers alors que le *pistor* vendait son propre pain avec d'autres productions.

La pasta

Spaghettis du chat. – Sauce pour les spaghettis. – Bigoli *du Vendredi saint.* – Bigoli *à l'ail.* – *Spaghettis aux olives.* – Bigoli *de siora Rosa. – Raviolis et farces pour les raviolis. – Raviolis à la citrouille. – Raviolis aux épinards. – Raviolis aux artichauts. – Farce de poulet pour les tagliatelles comme au temps de Goldoni. – Comment on fait les gnocchis. – Gnocchis à la vénitienne. – Tagliatelles aux petits pois. – Spaghettis à la* buranella.

Une recette de spaghettis est consacrée aux chats ! À Venise, les chats sont sacrés. Ils se groupent en fin d'après-midi à la frontière de leur territoire qu'ils ne franchissent jamais, où une vieille fée, qui ressemble souvent à une sorcière, leur sert à dîner.

Les hommes obéissent aux mêmes lois, sans doute faut-il en rechercher la raison dans l'organisation civile de la cité : au centre de la loggetta du Sansovino, au pied du campanile de San Marco et dominant la porta della Carta, figure la Justice, armée du glaive et de la balance, emblème de Venise qui lui donna son surnom de Sérénissime.

Près du doge, autorité suprême, élu à vie et qui, originairement, représentait l'empereur, existait un Conseil mineur formé de « sages » et un Conseil majeur élu par les populations des six quartiers de la ville dont l'importance politique demeure (il suffit pour s'en convaincre d'assister à l'un de ces « conseils de quartier » où chaque groupe d'habitants envoie ses représentants). Parfois, au coin d'une *calle*, on découvre une inscription comme celle-ci, près de San Giovanni e Paolo : *6828 Ultimo n° del sestier de Castello. Ponte Rosso – Fondamenta Dandolo.*

Le *ferro,* la crosse relevée qui termine la pointe des gondoles, porte toujours six dents, symbole des quartiers : San Marco, San Polo, Santa Croce, Cannaregio, Dorsoduro, Castello, la petite dent supplémentaire que l'on observe perpendiculaire à ses aînées représentant l'île de la Giudecca.

Les habitants d'un quartier admirent ou le plus souvent détestent leurs voisins, et un œil extérieur mais exercé à la ville saura reconnaître la gueule de pirate d'un pêcheur du Castello ou le museau poudré d'une patricienne de San Marco.

Les habitants d'un quartier y vivent et s'y fournissent pour l'indispensable autant que pour les plaisirs. À Venise, comme partout, et plus que partout ailleurs en Italie, les castes serrent entre elles leurs étaux : on se marie entre soi afin de préserver ce qui peut encore l'être d'apanage dynastique matériel ou moral – mondain pourrait-on dire.

Parfois nous allions dîner sur le *campo* solitaire de San Giacomo del Orio, près de San Staé – sait-on que Staé est le diminutif d'Eustache ?

Depuis longtemps, la trattoria *A la Vida* qu'affectionnait D'Annunzio est abandonnée, mais, ces dernières années, l'opulente vigne vierge – la *vida* en dialecte – restait suspendue devant la façade obscure, pareille à ces dais pompeux que l'on voit relégués dans la poussière des sacristies. Lors d'un de mes derniers séjours heureux dans la ville, je suis passé par le *campo* désert. Portes et fenêtres de l'immeuble étaient ouvertes, des paperolles multicolores voletaient le long des murs gris. Quoique, durant de longues années, lors de mes promenades dans ce quartier, je me sois attristé de voir la grande maison fermée, à l'abandon, mais non encore en ruine, cette vision ne me dit rien qui vaille... Non, l'antique trattoria n'avait pas repris vie, peut-être quelqu'un s'y essayait-il à quelque entreprise ? Pas un homme de goût, ni même un Vénète avisé : tout cela faisait bien trop patronage, sentait son minable... J'approchai, entrai. La *Vida* était devenue le club gay de Venise – la manie superlative italienne affublait le local du qualificatif *Arcigay*. On pouvait y obtenir à des distributeurs automatiques du café, du Coca-Cola mais pas de boisson alcoolisée. Dans un coin rouillait un autre distributeur, de préservatifs. Quelques instituteurs, assis sur des fauteuils de plastique ou de tubes écaillés tendus de toile, lisaient des revues : *Maschio*, *Supermaschio*, *Babylonia*... La conversation est le premier argument de l'amitié. Je n'eus pas le désir d'engager avec eux des propos sur le sujet des pulsions homosexuelles ou sadiques chez D'Annunzio, ou sur toute autre curiosité interprétative à laquelle se prêtent l'œuvre et la vie foisonnantes du Poète.

La grande tristesse de ces lieux dont les occupants méconnaissaient l'histoire m'envahit. Il en va ainsi de tout et de chacun. Poursuivant mon chemin, le sourire revint dans mon cœur : j'imaginai que je me lançais à redonner vie à la *Vida*, que je replaçais l'endroit sur sa trajectoire glorieuse. Je me voyais jouant la Madelon, confectionnant d'immenses pâtes au son de grands airs lyriques et coloratures. Je m'appliquerais à refuser les intellectuels au profit des folles. Tout le monde ne préfère-t-il pas les folles perdues éprises de D'Annunzio et Maria Callas aux tantes crispées qui décongèlent au micro-ondes ?

Au coin de la place, deux frères servaient une bonne cuisine à l'enseigne du *Capitan Uncino* – le capitaine Crochet. Une fois, je demandai à l'un de ces garçons quel était le fournisseur du gâteau aux amandes. Il répondit :

« Spagnol, à San Polo ; bien sûr, il y a Marchini,

mais c'est à San Marco !... Vous, vous habitez quel quartier ?

– Castello... »

Il se gratta la tête d'un air perplexe :

« Castello ! Mais c'est très loin d'ici ! Je crois que je n'y suis jamais allé ! »

Peut-être fâché de ce voisinage de tristes sires, mon gentil Capitan Uncino avait laissé son tablier à d'autres et je préférai aller m'asseoir un peu plus loin, où le *Menù della casa* promettait un sauté de lapin aux cèpes de Bassano : *coniglio ai funghi porcini.*

Revenons-en à nos spaghettis !

SPAGHETTIS DU CHAT

Ingrédients pour 6 personnes :

500 g de spaghettis (si possible, choisir les n° 3)
700 g de moules
2 gousses d'ail
huile d'olive
25 cl de vin blanc sec
quelques quartiers de tomates et de la sauce tomate
1 bouquet de persil

Laisser ouvrir les moules dans une casserole avec un peu de vin blanc – couvrir la casserole –, retirer les moules de leurs coquilles et les remettre dans le vin blanc.

Dans une casserole, on a fait blondir les gousses d'ail dans l'huile. Les retirer lorsqu'elles sont roussies.

Verser sur l'huile parfumée la préparation des moules et laisser bouillir 2 mn en ajoutant 2 cuillères d'huile d'olive, le persil haché, les quartiers de tomates, la sauce tomate. Laisser le tout s'aromatiser.

Séparer les moules avec un peu de sauce – maintenir à part au chaud.

Pendant cette préparation, jeter les spaghettis dans 5 l d'eau bouillante salée ; lorsqu'ils sont cuits *al dente,* les égoutter et les verser dans la casserole avec la sauce (*al dente* signifie cuits et fermes).

Tourner à la spatule pour mêler.

Placer sur un plat creux bien chaud – ou dans chaque assiette chaude – avec, par-dessus, les moules qui ont été maintenues au chaud.

On peut aussi ajouter du basilic dans la sauce et, bien sûr, poivrer ou pimenter avec du piment rouge.

Ce plat est servi dans tous les restaurants de Venise, du meilleur au pire !

Cette recette provient des cuisines de Vittoria.

SAUCE POUR LES SPAGHETTIS

L'assaisonnement le plus traditionnel à Venise est à base d'anchois ou de sardines salées, intégrés à un hachis de persil et d'oignons en égales proportions que l'on mêle à l'huile et au vinaigre et que l'on poivre d'abondance. Ce mélange provient fort probablement des *garum* ou *allec* romain et byzantin.

On réalise toujours cette sauce pour accompagner les *bigoli*[1], spaghettis de farine intégrale faits à la

1. Les porteurs d'eau constituaient une caste autant que les gondoliers. Ils apparaissent au coin des *calle* et des *campi* sur toutes les gravures, deux seaux suspendus à un bâton reposant sur l'épaule, le *bigolo*. Ainsi, à Venise, les spaghettis portent-ils le nom imagé de *bigoli*.

maison à l'occasion de fêtes ou veilles de fêtes : veille de Noël, mercredi des Cendres, Vendredi saint, nuit du Redentore. On les dégustait aussi les vendredis afin de respecter l'abstinence.

Puisque vous savez désormais que *bigoli* vient de *bigolo,* vous devez préparer la pâte nécessaire à leur confection.

Pour une dizaine de convives :

500 g de farine de blé
500 g de farine de seigle
2 œufs
un peu d'eau, du sel

Pétrir, laisser reposer sous un linge, étaler en une couche d'un demi-centimètre d'épaisseur.

L'hiver, on joue à griller des marrons ; à la Chandeleur, à faire sauter les crêpes un louis d'or à la main ; en toute saison on peut fabriquer des spaghettis. La machine indispensable – fabriquée à Campodarsego (Padoue) par Marcato – n'est guère plus encombrante qu'une boîte à chaussures. Vous la trouverez chez Ratti, près de Santa Maria Formosa, ou dans les magasins Standa.

L'homme le plus exigeant pour la table que je connus fut Orazio Bagnasco, financier, promoteur, surtout collectionneur, en particulier de livres de gastronomie. Un jour, à Venise où il séjournait, toujours en coup de vent, au palais Contarini, il me fit porter le petit appareil qu'il avait mis au point, s'adaptant sur la fameuse machine et permettant de produire des *bigoli* rigoureusement circulaires. À cette *filiera* il joignit la recette de base de la sauce que je conseille de préparer en abondance car elle se conserve parfaitement. Ainsi, pour obtenir 2,2 kg de sauce terminée, il faut :

5 kg d'oignons blancs finement hachés
huile d'olive
vin blanc
extrait de viande Liebig
sel
500 g d'anchois triturés en purée

Frire l'oignon 20 mn dans l'huile d'olive, ajouter de temps en temps du vin blanc étendu d'eau (2/3 eau, 1/3 vin blanc) afin d'éviter que l'oignon se dessèche ou brûle.

Laisser à feu très doux en mélangeant de temps en temps.

Au bout d'une heure, ajouter 2 cuillerées d'extrait de viande et saler. Au bout d'une autre heure, alors que l'oignon est presque totalement fondu, mélanger le tout en ajoutant de l'huile d'olive en abondance, puis la purée d'anchois.

Retirer alors du feu et mélanger encore.

À propos d'Orazio Bagnasco, je conseille aux amateurs de gastronomie de lire son roman *Le Banquet*[1]. Le menu des noces d'Isabelle d'Aragon et de Gian Galeazzo Sforza (1448), dont il possédait l'original, inspira à mon ami le plus savoureux des polars et lui permit de reconstituer les us et coutumes de la Renaissance, particulièrement en matière de cuisine. Sa collection, quelque 4 500 volumes constituant la Bibliothèque internationale de gastronomie, la Bing, recèle aussi le seul manuscrit en langue italienne sur

1. Denoël, 2000.

l'art de trancher. Orazio puisa là l'idée de former le dernier « écuyer tranchant » du monde.

Tel un prince de la Renaissance, il organisait des banquets magnifiques pour lesquels il faisait venir cet homme d'un art si rare, que je pus admirer tranchant les volailles maintenues à la fourchette au-dessus des plats. Un repas alors devient un rite dont les participants doivent être en mesure d'apprécier le caractère sacré.

Les repas les plus populaires ont d'ailleurs souvent leur saint prétexte. Ainsi, voici la recette, presque semblable et facile, des *bigoli* du Vendredi saint.

BIGOLI DU VENDREDI SAINT

Ingrédients pour 6 personnes :

500 g de spaghettis noirs, au froment intégral, que l'on trouve dans les épiceries italiennes ou dans les rayons « produits naturels » des grands magasins
70 g de sardines salées ou 50 g de filets d'anchois
1 verre à moutarde d'huile d'olive (1 dl)
2 gros oignons
sel, poivre

Hacher les oignons.

Effiler les sardines salées ou émietter les anchois.

Frire ensemble à feu vif dans l'huile d'olive.

Lorsque l'oignon est roussi, baisser le feu au minimum, ajouter 25 cl d'eau et couvrir jusqu'à ce que l'oignon soit fondu.

Pendant ce temps, mettre les spaghettis à cuire dans une grande quantité d'eau bouillante salée et, pour des Français, on n'insistera jamais assez sur la grande quantité d'eau bouillante salée nécessaire à la cuisson des pâtes ; plus de 1 l d'eau pour 100 g de pâtes ! Les cuire *al dente,* les égoutter et verser dessus la sauce bien chaude. Poivrer légèrement.

Bigoli à l'ail

Dans une casserole assez large, faire cuire quelques gousses d'ail dans 1 dl d'huile, retirer les gousses d'ail et les remplacer par des filets de sardines que l'on écrasera à la fourchette.

On peut remplacer les filets de sardines par des miettes de thon, on peut aussi ajouter des olives noires ou encore des petits pois très frais et du persil.

Jeter par-dessus les spaghettis cuits *al dente* et tourner le tout sur le feu. Servir très chaud sur des assiettes chaudes.

Spaghettis aux olives

Ingrédients pour 6 personnes :

1 verre d'huile d'olive
200 g d'olives noires dénoyautées
et coupées en quartiers
200 g de fromage de chèvre dur et râpé
piment rouge, serpolet

Faire chauffer le verre d'huile dans une petite casserole avec un peu de piment rouge, les olives, le serpolet.

Préparer les spaghettis comme on sait, en les faisant cuire *al dente* dans beaucoup d'eau bouillante salée.

Lorsque la sauce est consistante et fume, la verser sur les spaghettis bien égouttés.

Saupoudrer de fromage râpé et mélanger le tout.

Servir chaud.

Bigoli de siora Rosa

À cette enseigne, depuis la fin du XVIIIe siècle, entre le campo delle Bale et le ramo Ferretti, existait une antique *osteria* qui connut un grand renom jusqu'au début de notre siècle.

Ingrédients pour 6 personnes :

500 g de spaghettis bruns « intégraux »
2 gros oignons
15 filets d'anchois à l'huile (ou plus, suivant le goût)
1 verre d'huile d'olive
1 verre de vin rouge
poivre

Hacher finement les oignons et tailler en petits morceaux quelques filets d'anchois à l'huile.

Désagréger à la poêle, à feu doux, les morceaux d'anchois dans 4 cuillères d'huile d'olive mouillées de vin rouge. Ajouter alors les oignons et porter à ébullition en couvrant jusqu'à ce qu'ils soient fondus. Découvrir pour laisser épaissir à feu doux. Les oignons doivent devenir des filaments caramélisés. Poivrer.

Parallèlement à cette préparation, faire cuire les spaghettis bruns. Les égoutter et les arroser de 2 cuillères d'huile d'olive.

Mélanger le tout dans le plat de présentation très chaud.

RAVIOLIS ET FARCES POUR LES RAVIOLIS

On utilise surtout à Venise de gros raviolis que l'on farcit en utilisant tous les restes possibles, aussi bien de viande que de poisson ou de légumes.

Ingrédients pour 6 personnes :

500 g de farine, de l'eau, du sel pour une pâte
classique à laisser reposer quelques heures
2 oignons hachés
1 verre à moutarde d'huile d'olive ou, mieux,
la moelle de 3 beaux os
1 kg de restes divers (poisson, viande ou légumes)
4 œufs

Comme pour tant de recettes vénitiennes, tout commence par de l'oignon haché, revenu dans de l'huile ou de la moelle de bœuf.

Lorsque tout cela est bien roussi, y verser les restes hachés ou taillés selon la consistance que l'on préfère donner à la farce.

Enrichir encore d'un œuf dur finement haché et de parmesan râpé (un œuf pour environ 250 g de restes).

La pâte est faite de farine et d'eau légèrement salée étendue sur la table de marbre et coupée en disques à l'aide d'un verre. On remplit et on couvre en pétrissant les bords avec les doigts ; les bords se collent plus facilement en mouillant d'un peu de blanc d'œuf.

Il faut savoir que les foies et les œufs se mêlent très bien avec toutes sortes de viandes, que les œufs, les filets d'anchois et le persil s'assortissent parfaitement au poisson...

Bien sûr, il existe aussi la version sucrée des farces : on utilise dans les meilleures maisons de la purée de citrouille, des oranges amères, des amandes pilées, du sucre, des raisins secs, des pignes de pin, des noix, etc.

Les raviolis de grande dimension se nomment *tortelloni*. On les cuit comme toutes les pâtes dans une grande quantité d'eau salée bouillante. La cuisson dure de 12 à 15 mn.

Les raviolis sont retirés à la passoire et délicatement disposés sur le plat de présentation réchauffé, on verse alors par-dessus du beurre fondu et on saupoudre de parmesan râpé.

RAVIOLIS À LA CITROUILLE

Pendant la Renaissance et jusqu'au XVIIIe siècle existaient de courtois échanges entre les palais du duché de Mantoue et ceux de la Sérénissime, particulièrement dans le domaine de la gourmandise.

C'est ainsi que naquit l'habitude à Venise de préparer les raviolis avec une farce à base de citrouille.

Ingrédients pour 6 personnes :

1 belle tranche de citrouille (une côte)
50 g de beurre
125 g d'amandes pilées
125 g de chapelure de biscuits aux amandes
5 feuilles de sauge séchée
cannelle, sel, poivre

Passer la tranche de citrouille au four 20 mn puis la recouper en dés.

Les faire revenir dans un peu de beurre avec les amandes pilées, du sel et du poivre en quantité, de la cannelle et la chapelure de biscuits aux amandes (*amaretti* ou, en France, « croquants »).

Assaisonner avec le beurre fondu blondi avec la sauge.

Raviolis aux épinards

Ingrédients pour 6 personnes :

1,2 kg d'épinards
200 g de pignes de pin
200 g de raisins secs (en règle générale : une poignée de chaque par livre d'épinards utilisée)
2 jaunes d'œufs
1 cuillère à café de noix muscade râpée

La farce est faite d'épinards crus hachés très fins et jetés 1 mn dans l'eau bouillante salée puis égouttés et mélangés à des pignes de pin et à des raisins secs.

Lier de deux jaunes d'œufs et parfumer d'un peu de noix muscade râpée.

Raviolis aux artichauts

Autour du Rialto, les jours de marché, on voit des montagnes de feuilles d'artichauts dont le touriste pressé ne comprend pas la provenance. Il s'agit des déchets des fonds préparés pour la vente et qui nagent, pareils à des tortues d'eau, dans de grandes bassines décorées de persil et de tranches de citron.

Ces fonds d'artichauts, que nous retrouverons au chapitre des légumes, constituent durant toute la saison un des plats les plus appréciés des Vénitiens qui les accommodent de mille façons.

Les restes de ces diverses préparations – ou les fonds entiers si l'on n'a pas commencé par autre chose – sont écrasés à la fourchette et mélangés dans une casserole avec une bonne quantité de persil haché.

Mouiller d'un jus de citron et d'un jaune d'œuf battu. Amalgamer sur un feu très doux en ajoutant quelques cuillères de lait jusqu'à obtenir la consistance d'une crème que l'on poivre et dont on farcit les raviolis.

FARCE DE POULET POUR LES TAGLIATELLES COMME AU TEMPS DE GOLDONI

Goldoni séjourna une partie de l'été 1754 à Bagnoli di Sopra près de Padoue chez le comte Wildman, qui était passionné de théâtre. C'est à Wildman qu'il avait dédié *La Bottega del caffè.* Les journées se passaient à jouer des piécettes sur de petits canevas que fournissait Goldoni. Tout le monde participait, le maître tenant à merveille, juge Goldoni dans ses *Mémoires,* le rôle d'Arlequin. Ce Wildman poussa l'amour du théâtre jusqu'à faire exécuter par Antonio Bonazzo, entre 1745 et 1750, un groupe de statues uniques en leur genre représentant les personnages des comédies jouées. Ainsi le jardin est-il toujours orné, plutôt que d'altières divinités ou de dieux Termes frileux, de Coquettes et d'Arlequins.

La fortune considérable des Wildman, originaires de Carinthie, provenait du commerce du bois. Ils furent les premiers à établir un vignoble à Bagnoli, où fut planté du *friularo*, qui se diffusa ensuite dans les provinces de Padoue et de Trévise. Un poète médecin, Ludovico Pasto', célébra ce vin dans un sonnet à Elisabetta Wildman Diedo qui se termine par :

Ma fra i vini el più stimabile
El più bon, el più perfetto
Xe sto caro vin amabile
Sto Friularo bene detto.

Les Wildman produisirent du vin jusqu'en 1856, date à laquelle le domaine fut revendu au prince d'Aremberg, qui continua la production, laquelle ne put jamais conquérir un vaste marché, ce à quoi s'emploie aujourd'hui un neveu de ma pauvre Carla Borletti dont le père avait acheté la propriété après la Première Guerre mondiale. Je fus souvent l'hôte de la famille Borletti à la villa de Bagnoli, et je conserve un souvenir délicieux de quelques personnages de cette famille d'industriels milanais dont d'autres éléments m'ont inspiré par ailleurs le chapitre de *Venise chronique* intitulé « Un cauchemar ».

Bah ! Quoi qu'il en soit, en ces temps d'insouciance, à la *tenuta* de Bagnoli, Marcella ou quelque autre brave *cuoca* préparait toujours la farce comme il est dit dans *Un dernier soir de carnaval* de notre Goldoni.

Ingrédients pour 4 personnes :

12 « nids » de tagliatelles
les restes d'un poulet dont on a utilisé les cuisses, les ailes et le bréchet
1 tranche de jambon de campagne taillée en lardons ou 1 saucisse de Toulouse
1 œuf
100 g de fromage râpé
1 noix de beurre
épices

Hacher les restes d'un poulet, aussi bien rôti que bouilli, avec du jambon, gras et maigre, ou de la saucisse. Lier avec de l'œuf et du fromage râpé, épicer.

À la fin de la préparation de la farce, plonger les tagliatelles (prévoir trois « nids » par personne) dans une grande quantité d'eau bouillante salée. Les laisser cuire à gros bouillons 4 ou 5 mn – pour ne pas coller les pâtes doivent être suffisamment cuites, mais rester *al dente* ! Les égoutter très rapidement, les verser dans un plat chaud, les couvrir de la farce et tourner avec une noix de beurre.

COMMENT ON FAIT LES GNOCCHIS

Les gnocchis ont été introduits à Venise par les envahisseurs d'Europe centrale.

Préparer une pâte avec 1 kg de pommes de terre bouillies et tamisées, 200 g de farine (ou 100 g de farine et 100 g de semoule de riz), 2 œufs, 1 cuillère d'huile ou de beurre, 1 petite cuillère de levure, 1 pincée de sel.

Lorsque l'on obtient une pâte homogène, en former un rouleau, ou long ruban épais d'un doigt que l'on débite en petits morceaux égaux dont on écrase un côté à la fourchette – par exemple.

Les jeter dans l'eau bouillante salée, ils sont cuits lorsqu'ils remontent à la surface – c'est-à-dire très rapidement.

Servir avec un jus de viande, une sauce à la tomate, un beurre blond parfumé de sauge (effriter des feuilles de sauge dans le beurre fondu et laisser dorer). Toujours saupoudrer de parmesan.

Variante de gnocchis pour utiliser du pain rassis

Laisser se liquéfier un bon morceau de beurre, y mêler la quantité de pain désirée après l'avoir émietté, ajouter du fromage râpé – toujours du parmesan (en principe !) – et 2 ou 3 œufs entiers selon la quantité des autres denrées.

Travailler la pâte jusqu'à ce qu'elle devienne assez compacte.

Prélever dans cette pâte à la petite cuillère les morceaux nécessaires à former les gnocchis et les faire cuire normalement en les jetant dans un bouillon.

Ce 29 septembre 1756, Casanova prépare son évasion des Plombs. Il demande à son geôlier de lui préparer deux grands plats de macaronis « au beurre et au fromage parmesan » afin de célébrer par un bon repas la Saint-Michel. Il offrira l'un des deux au moine qui pourvoit à ses lectures. En réalité, il espère dissimuler dans un de ces plats pleins de beurre l'outil nécessaire à son évasion. Il ne s'agit pas de macaronis tels qu'on les déguste aujourd'hui mais de gnocchis, quenelles de pâte miniatures.

Voyons Casanova à l'œuvre : « Le jour de la Saint-Michel, Laurent parut de grand matin avec une grande chaudière où les macaronis bouillonnaient ; j'ai d'abord mis le beurre sur un réchaud pour le fondre, et j'ai préparé mes deux plats arrosés de fromage parmesan qu'il m'avait porté tout râpé. J'ai pris la cuillère percée, et j'ai commencé à les remplir, en y mettant dessus à chaque main beurre et fromage, et en ne finissant que lorsque le grand plat destiné au moine ne pouvait en contenir davantage. Ils nageaient dans le beurre qui touchait jusqu'aux extrémités de ses bords. »

Sans le subterfuge du beurre débordant, voici la recette :

Gnocchis à la vénitienne

Une recette de 1791 reste la meilleure pour ce plat :

Ingrédients pour 6 personnes :

0,5 l de lait
1/2 livre de beurre
300 g de farine
1/2 livre de parmesan râpé

Dans une casserole, verser 0,5 l de lait et 1/2 livre de beurre.

Porter à ébullition en tournant sans cesse à la cuillère de bois ; toujours en tournant, jeter 300 g de farine et 225 g de parmesan râpé – c'est-à-dire autant que du beurre.

Lorsque la pâte est formée, au moment où elle se détache du fond de la casserole, l'étendre sur un plateau et la laisser refroidir. La diviser en filaments, en la roulant avec les mains, que l'on partagera en gnocchis réguliers.

Rouler les gnocchis ainsi obtenus dans la farine légère et les cuire comme l'on sait en les jetant dans l'eau bouillante salée jusqu'au moment où ils flottent à la surface.

Les servir avec du beurre et du parmesan ou avec du beurre, du sucre et de la cannelle.

Les macaronis produisirent aussi un genre littéraire. À la Renaissance, la poésie macaronique consistait en assemblages de mots burlesques faits de latin de cuisine et autres mélanges de mots latinisés. Les *Maccharonea*, du poète Tifi degli Odosi, furent publiés à Venise à la fin du XVe siècle. D'autres poètes plus tardifs illustrèrent ce style pseudosavant, dont Girolamo Folengo, qui publia sous les noms de Merlin Cocai et Limerno Pitocco, et se faisait encore nommer Teofilo.

Je transcris ces curiosités par goût poétique et parce qu'elles illustrent l'art de vivre de ces cénacles littéraires, académies et salons qui se perpétuèrent en Europe jusqu'au milieu du XXe siècle.

TAGLIATELLES AUX PETITS POIS

Ingrédients pour 4 personnes :

12 « nids » de tagliatelles
1 œuf de beurre
15 lardons
500 g de petits pois

Faire revenir dans du beurre des petits pois avec du jambon en laissant doucement mijoter.

Pendant ce temps, cuire à gros bouillons des tagliatelles que l'on égouttera et que l'on garnira de ce mélange.

Préparer et servir dans un plat très chaud et des assiettes chaudes.

SPAGHETTIS À LA *BURANELLA*

Ingrédients pour 4 personnes :

500 g de langoustines ou de grosses crevettes
quelques échalotes
beurre et huile d'olive
Maïzena ou farine
vin blanc ou cognac
0,25 l de lait
400 g de spaghettis n° 3
moutarde
sauce anglaise
aromates
60 g de parmesan râpé

Laisser bouillir les crustacés 8 mn dans 1 l d'eau. Séparer soigneusement et conserver chaque morceau de chair, remettre à bouillir les cartilages et déchets jusqu'à ce que l'eau soit réduite des deux tiers. Saler légèrement et filtrer le bouillon.

Hacher les échalotes, faire roussir dans 50 g de beurre et 4 cuillères d'huile. Ajouter les morceaux de chair de crustacés et mouiller de vin blanc ou de cognac. Laisser évaporer.

Avec 30 g de beurre et 20 g de Maïzena – ou 40 g de farine – délayés dans le bouillon de poisson auquel on ajoute les 25 cl de lait, préparer une béchamel bien fluide.

Cuire *al dente* – 5 ou 6 mn – les spaghettis, les égoutter très rapidement et les jeter dans la poêle avec le mélange de chair de crustacés dans leur sauce à laquelle on ajoute une grosse cuillère de moutarde, de la sauce anglaise et les aromates de l'inspiration du moment ! Lier encore le tout avec du parmesan râpé et du persil haché.

Verser dans un plat et mettre à gratiner 10 mn. Servir très chaud.

Les produits de la mer

Les squilles. – Soupe de squilles. – Un des plats le plus typiquement vénitiens : les seiches au noir. – Seiches farcies de Jean Giono.– L'institution du baccalà *(le stockfisch) aux épinards, à l'ail, aux anchois, etc., toujours servi avec de la polenta. – Thon en vert. – Thon en rouge. – Le* finto pesce *de Silvio. – Rascasse au court-bouillon comme à Chioggia. – Variante avec risotto. – Les petits poissons bleus : le* go. *– Cuisson du poisson comme à Murano. – L'anguille au four de Murano ou* bisato sull'ara. *– Anguille marinée. – Beignets de fruits de mer ou de petits poissons. – La manière de manger les huîtres selon Casanova.*

Au Rialto affluent toutes les marchandises destinées à nourrir la ville. Ce serait son plus ancien quartier. Près du pont, l'église de San Giacometto fut fondée au Ve ou VIe siècle. Des recommandations destinées aux marchands sont gravées dans la pierre pour les inciter à respecter les poids et les mesures.

Face à San Giacometto, le portique du Banco Giro marque l'emplacement de la première institution bancaire – le Banco-Giro – utilisée par les marchands du Rialto dès le XIIe siècle. En se dirigeant vers la Pescheria, on croise des rues aux noms évocateurs : calle dei Varoteri – rue des tanneurs de petit-gris, le vair des contes de fées ! ; calle de la Scimia o de le Spade – de la guenon ou des épées (?) ; calle Drio la Scimia – rue derrière la guenon ; de la Donzela – de la Demoiselle ; calle de l'Ostaria de la Campana – de l'auberge de la cloche...

Deux devises fascistes ont échappé à l'effacement autant que faire se pouvait de ces moments d'histoire ; tracées au pochoir, elles restent accrochées là comme deux chauves-souris prisonnières de leur maléfice : *A Roma ci siamo e ci resteremo*, « À Rome nous sommes et nous resterons » ; *W. Roma Intangibile*, « Vive Rome éternelle ». Sur la façade de la Pescheria, une plaque mentionne les longueurs minimales des poissons vendus au détail : rouget, sardine, 7 cm ; dorade, bar, sargue, mulet, sole, turbot..., 12 cm ; anguille, 25 ; huître, 5 ; moule, 3...

À l'angle de la Pescheria, un pont de bois mène à l'*Osteria della Poste Vecchie*, installée dans le local du plus ancien office postal de la République.

À la Pescheria, on vendait donc poisson et gibier d'eau. Le premier marché fut établi là en 1332 dans une construction en pierre, alors que le marché aux légumes était en bois. La halle que l'on admire aujourd'hui date de 1884. À la fin de la République, on comptait un millier de pêcheurs et 150 revendeurs de poissons. Ces emplois étaient réservés aux pêcheurs de San Nicolo' et de Poveglia âgés de plus de cinquante ans et ayant exercé vingt ans leur métier. L'État reconnaissait ainsi les mérites de ces hommes, lesquels présentaient en outre l'avantage de connaître parfaitement les produits qu'ils vendaient.

De Santa Catarina na canocia val una gallina, « À la Sainte-Catherine la squille vaut une poule », dit le proverbe des pêcheurs de la lagune.

Vers la fin de novembre, les squilles, sortes de langoustines blanches et plates, à la chair assez fade, se trouvent charnues, fermes et souvent avec leur corail. On les présente persillées, arrosées d'un filet d'huile, alignées côte à côte sur des assiettes blanches, bien en évidence sur les tables de verre des bars.

L'été, à l'extrémité du Lido, la pinède des Alberoni offre ses ombrages et ses dunes propices aux siestes et aux amours. Une sympathique trattoria, au bord de la route du *paese*, permet à chacun de satisfaire son appétit. Sur le comptoir sont présentées des assiettes garnies : petits poulpes grillés et persillés, sardines à l'aigre – *in saor*, voir plus loin la recette –, squilles, fonds d'artichauts, fines tranches d'aubergines frites... Le dimanche qui suit la fête du Redentore, c'est la Sagra del Peocio – la fête des Moules – aux Alberoni. On déguste des moules, des *bigoli*, des tranches de pastèque en buvant du vin blanc. Les gens viennent de Malamocco, des îles voisines, Pellestrina, San Pietro in Volta, et même de la partie citadine et bourgeoise du Lido – comme on va à un bal de village. Un feu d'artifice tiré sur la lagune clôture la fête.

La base de préparation de tous les coquillages est à peu près la même : faire blondir un peu d'ail émincé dans l'huile et y placer les mollusques dans leur eau. S'ils sont sableux ou sales, à peine seront-ils ouverts, on jettera ce fond de cuisson et on recommencera immédiatement et très rapidement, car presque tous les mollusques peuvent être savourés crus – même indication pour les coquillages lavés qui vont s'ouvrir très vite. Y ajouter du persil, du poivre, et si on le désire mouiller de vin blanc ; on peut aussi relever avec du piment rouge...

Prendre l'habitude de conserver les bouillons de cuisson, qui serviront pour les risottos dont on apprendra plus loin les secrets !

Les squilles

Ingrédients pour 6 personnes :

2 kg de squilles
oignons
cerfeuil
tiges de persil
laurier
jus de citron
1 verre de vin blanc par kg de coquillages

Laver soigneusement les squilles qui demandent très peu de cuisson. Les jeter dans l'eau bouillante légèrement salée, maintenir 2 mn à ébullition et arrêter le feu en laissant les squilles dans leur liquide de cuisson.

Aromatiser ce bouillon d'oignon, de cerfeuil, de tiges de persil, de jus de citron pour qu'il devienne le plus succulent court-bouillon, où l'on fera cuire des poissons ou d'autres coquillages. Lorsque le bouillon est tiède, retirer les squilles, les ouvrir avec des ciseaux le long de leur cartilage entre la tête et la queue, détacher soigneusement la chair et la conserver en réserve.

Remettre les carapaces et les pattes dans le bouillon, le porter à ébullition 20 mn et ajouter 2 verres de vin blanc – 1 verre par kilo de coquillages.

Laisser tiédir à nouveau puis racler et presser pour recueillir toute la chair et la remettre dans le bouillon.

Après avoir été passé, celui-ci deviendra la base du risotto, ouvrant ce menu où les squilles seront servies à part avec une vinaigrette ou une mayonnaise très fine, accompagnées de pommes de terre et gros haricots blancs en salade.

Soupe de squilles

Ajouter à ce dernier bouillon un hachis de persil et d'échalotes, poivrer et verser bouillant sur des croûtons de pain frits à l'huile.

UN DES PLATS LE PLUS TYPIQUEMENT VÉNITIENS : LES SEICHES AU NOIR

Ingrédients pour 6 personnes :

3 kg de seiches entières
(les nettoyer en les laissant 15 mn dans l'eau vinaigrée, les tailler en réservant 3 poches de noir)
1 bouquet de persil
2 tomates bien mûres ou une boîte de pelati [1]
1 verre et demi de vin blanc
3 cuillères à soupe d'huile d'olive
1 gousse d'ail, poivre, cannelle

Mettre dans une casserole le bouquet de persil haché, la gousse d'ail écrasée, les seiches préparées, 3 cuillères d'huile d'olive, poivre, cannelle.

Laisser mijoter à feu doux pendant 15 mn environ.

Ajouter ensuite les tomates pelées et taillées en morceaux – ou le contenu de la boîte de *pelati* – avec l'encre des 3 poches de seiches et 1 verre et demi de vin blanc.

Laisser mijoter à feu doux en tournant de temps en temps. Si le liquide s'évapore trop vite, verser un peu d'eau chaude. Laisser cuire une heure.

Habituellement, on sert les seiches avec la polenta mais elles sont aussi délicieuses accompagnées de riz pilaf parfumé lors de la cuisson d'une tranche de gingembre frais ou d'une pincée de gingembre en poudre.

1. Tomates pelées.

SEICHES FARCIES DE JEAN GIONO

Recette des seiches farcies donnée à Jean Giono par un garçon du *Florian* :

« Il faut hacher la salade et le cerfeuil avec une pointe d'ail et beaucoup de persil. Le persil est très bon à l'homme ; il donne une belle démarche. On coupe menu aussi les tentacules des petites seiches. Il ne les faut pas plus grosses qu'un œuf de pintade. On fait un coulis avec la pomme d'amour, de l'huile et le foie cru de trois ou quatre gros rougets. Dans les maisons où l'on est habitué à manger de la seiche farcie, on a toujours une petite jarre de *garbinella*. C'est un mot qui signifie "tour d'adresse". C'est une purée de fenouil de Padoue. On écrase dans de l'eau-de-vie les grosses tiges de ce fenouil qui pousse au bord des marais. Cette pâte, fine comme de l'argile à poterie, macère dans l'alcool pendant des mois. On en prend gros comme un poing d'homme. On la délaie dans du vin blanc. On fait crever du riz et on le laisse s'imbiber de ce vin blanc. La seiche est le seul fruit de mer qui demande assaisonnement de noix muscade. Cela vient de ce qu'elle se nourrit des petites boues qui flottent entre deux eaux, comme du lait. Il faut beaucoup de temps pour farcir les seiches, mais, bien entendu, on a le temps. Ensuite, on les fait cuire à la poêle dans de l'huile qui ne doit pas grésiller. Cela ne s'appelle pas "frire" ; cela s'appelle *sborare*. C'est un mot qui signifie quelque chose de dégoûtant. Mais celui qui est près d'une poêle où l'on fait *sborare* des seiches ne se soucie plus du sens du mot[1]. »

1. *Voyage en Italie*, Gallimard, 1954. Peut-être dois-je préciser que le *sboro* est le sperme.

Au milieu du XVIe siècle, Venise avait épuisé la gloire de ses conquêtes, et le concile de Trente imposait le retour à une austérité qui se voulait biblique. La règle rigoureuse du jeûne fut établie dans le même temps que les bateaux de Venise se chargeaient de poisson séché dans les pays du Nord. Ainsi survint, à la manière d'une consolation, la vogue du *baccalà,* le stockfisch, vogue qui dure encore.

En 1827, alors que n'existait plus la flotte de Venise, s'installa près du Rialto un grand dépôt de *baccalà* – qui est d'ailleurs toujours en activité. Cette réserve de vivres permit aux Vénitiens de se nourrir lors du siège autrichien de 1849, ce qui explique l'espèce de vénération dont jouit toujours le *baccalà* dans les cuisines populaires et aussi le fait qu'il ne paraisse jamais dans les repas de fête.

On continue donc à préparer le *baccalà* familial, mais les meilleurs se dégustent dans les restaurants qui conservent dans une terrine le vieux fond de macération auquel on ajoute, au fur et à mesure qu'on y puise, du *baccalà* nouvellement préparé.

Cette macération des filets de poisson sec dans l'huile d'olive se dit *mantecatura.* Le *baccalà* devient une crème que chaque cuisinière du Veneto met un point d'honneur à préparer à sa façon. Ainsi s'élabore une tradition propre à chaque village, à chaque ville. Après ces longs bains et ces secrètes macérations, le *baccalà* peut donc être employé de mille façons. Les recettes sélectionnées ici nous paraissent les plus aptes à séduire les cordons-bleus cosmopolites...

La façon la plus facile d'utiliser le stockfisch tel qu'on le trouve en France est de le cuire dans un bouillon d'oignon et de cerfeuil et de le servir avec une sauce faite d'huile d'olive, d'ail, de persil et d'anchois hachés et battus.

Préalablement à toutes les préparations indiquées,

le stockfisch doit être laissé pendant deux jours dans l'eau fraîche renouvelée deux fois.

BACCALÀ EN TURBAN

Ingrédients pour 6 personnes :

1 kg d'épinards
500 g de morue (baccalà)
100 g de beurre
3 verres de lait
3 cuillères de farine
100 g de parmesan râpé
chapelure
éventuellement 2 œufs
et 1 cuillère de noix muscade râpée

Faire sauter les épinards au beurre.

Cuire à l'eau les 500 g de *baccalà.*

Le nettoyer soigneusement de ses arêtes et le réduire en miettes.

Mélanger 3 cuillères de farine.

Faire roussir le tout dans du beurre avec 3 verres de lait en mélangeant durant la cuisson jusqu'à obtenir une crème assez dense à laquelle on incorpore le parmesan râpé et le kilo d'épinards finement hachés et sautés au beurre.

Si on le souhaite, selon la consistance (ou l'inspiration), on peut lier avec deux œufs et aromatiser de noix muscade.

Beurrer et saupoudrer de fine chapelure un moule à savarin.

Verser le mélange et placer au bain-marie dans un four pendant 1 heure.

Retourner sur le plat de présentation et servir chaud.

Baccalà vénitien comme à Vicenza

*Ingrédients **pour** 6 personnes :*

1 kg de baccalà
1 l de lait
2 verres d'huile d'olive (on emploie l'un au début de la cuisson, l'autre à la fin)
50 g de beurre
1 oignon finement haché avec un bouquet de persil
50 g de filets d'anchois
100 g de parmesan
3 cuillères de farine
2 pincées de cannelle
sel, poivre

Tailler en morceaux petits et assez réguliers le *baccalà* bien amolli et nettoyé – je répète qu'on laisse le stockfisch dans l'eau pendant deux jours en changeant l'eau deux fois.

Roussir ces morceaux avec du persil, de l'huile et du beurre.

Saler et poivrer, couvrir de lait, saupoudrer de cannelle, ajouter l'oignon finement haché.

Porter à ébullition, couvrir, baisser le feu jusqu'à ce que le lait soit entièrement absorbé.

Retourner les morceaux, y jeter persil et anchois hachés ensemble, garnir si on le souhaite d'olives noires.

Verser le deuxième verre d'huile.

Passer au four 10 mn.

Servir chaud avec de la polenta (recette p. 39).

Henri de Régnier, *La Vie vénitienne* (1903) :

« On ne mange pas mal au *Vapore* où nous allons souvent et qui est un drôle d'endroit. On y voit figuré sur un panneau de verre dépoli un *vapore,* un pyroscaphe comme on disait jadis. Le restaurant se compose de plusieurs salles que parcourt un personnage en livrée qui vous propose sur un plateau en hors-d'œuvre des *gambaretti* et autres *frutti di mare.* Il paraît que jadis ce brave homme offrait ces friandises marines habillé en doge. On lui épargne maintenant cette mascarade. Le menu choisi, le service est lent, irrégulier mais cordial. Les *scampi* sont excellents et on apporte à la fin du repas un appareil commode et bizarre : la *candela*. Sur deux supports de nickel vous y couchez votre virginia pour l'allumer à une vacillante petite flamme. Parfois nous délaissons le *Vapore* pour l'*Antico Cavalletto* sur le bacino San Gallo, à moins que nous n'allions dans la calle del Fabbri, à la *Bella Venezia*. »

Ce *Vapore* était tenu depuis 1900 par un certain Davide De Anna dont le frère Giovanni connaissait une grande gloire pour avoir ouvert près du Rialto, dans un ancien magasin de charbon, calle Bembo, riva del Carbon, la *Carbonara*, où il servait un repas complet à prix fixe pour... une lire ! Je m'assois toujours avec nostalgie sur les banquettes de la *Carbonara*, les prix y ont bien changé, mais enfin je rêvasse sur la décadence des choses : les lambris qui tapissent les parois de la grande salle proviennent du yacht de François-Joseph et de Sissi. À l'occasion de leur mariage – 24 avril 1854 –, la reine Victoria offrit un yacht magnifique qui fut baptisé *Miramar* et avec lequel Sissi se rendit en Égypte en 1869. Plus tard, un nouveau bateau plus moderne fut construit, portant le même nom, avec lequel l'héroïne romantissime parcourut les mers. Après la chute de l'empire, le traité de Saint-Germain assigna le bateau à l'Italie. On l'entreposa à l'arsenal de Venise où il fut mis en pièces vendues aux enchères, les boiseries des salons étant récupérées par Giovanni De Anna pour sa *Carbonara* ouverte depuis 1894.

Aujourd'hui, une authentique institution vénitienne pour le *baccalà mantecato* reste la *rosticceria* de la calle della Bissa, voisine de San Bartolomeo, au Rialto. Mais on en déguste d'excellent au *Harry's Dolce* de la Giudecca ou, toujours à la Giudecca, aux *Due Mori*. Voici la recette de la *Bella Venezia* :

Baccalà alla Bella Venezia

Ingrédients pour 8 personnes :

500 g de baccalà
huile, sel, poivre

Laisser deux jours la morue séchée à dessaler dans de l'eau en changeant l'eau deux fois.

Cuire à l'eau 20 mn.

Enlever les arêtes et pétrir à la main pour émietter. Il est possible de passer au mixer une minute mais il ne faut pas obtenir une purée !

Travailler longuement avec de l'huile – moitié olive, moitié arachide – dans une terrine ou au pilon dans un mortier avec du sel et du poivre jusqu'à obtenir une pâte. On peut arriver à ce résultat au mixer et encore ajouter du persil. Consommer froid avec de la polenta tiède.

(Un petit secret de la polenta est d'ajouter une noix de beurre dans la casserole au moment où l'on arrête le feu.)

CÔTELETTE DE *BACCALÀ* AUX ANCHOIS

Ingrédients pour 6 personnes :

500 g de baccalà
5 anchois
3 gousses d'ail
1 bouquet de persil
100 g de pain
1 verre de lait
1 verre de crème fraîche
40 g de beurre
2 cuillères de parmesan râpé
2 œufs
éventuellement 1 cuillère à café de noix muscade

Cuire à l'eau les 500 g de *baccalà* bien nettoyé.

Le hacher et ajouter un mélange de 3 gousses d'ail, bouquet de persil et 5 anchois finement hachés.

Mélanger avec 100 g de pain humecté de lait puis pressé, 1 dl de crème fraîche (ou de la crème de lait si l'on est à la campagne) 2 cuillères de parmesan.

Lier le tout avec 2 œufs.

On peut aromatiser de noix muscade.

Former alors des côtelettes et les faire frire au beurre.

Les servir bien chaudes.

BACCALÀ MANTECATO ILLEGITTIMO

Ingrédients pour 6 personnes :

500 g de baccalà
200 g d'huile
100 g de farine ou 60 g de Maïzena

lait
persil, sel, poivre, noix muscade

Cuire la morue dans un peu d'eau salée, la nettoyer, la séparer en morceaux. Les hacher et mettre cette préparation à la poêle avec un quart de son poids d'huile et un cinquième de son poids de farine.

Ajouter du lait autant qu'il en faut pour obtenir une sorte de crème.

Cuire à feu léger jusqu'à faire disparaître le goût de farine.

Aromatiser de persil et d'une pincée de noix muscade.

Thon en vert

Plat facile et rapide, idéal pour le déjeuner.

Ingrédients pour 4 personnes :

2 tranches de thon de 2 cm d'épaisseur et larges comme deux mains d'homme (environ 800 g)
1/2 verre d'huile d'olive
1 bouquet de persil
1 poivron vert
200 g d'olives vertes et noires
2 cuillères à soupe de câpres
3 brins de thym
1 verre de vin blanc
1 jus de citron

Utiliser une tranche de thon frais pour 2 personnes.

Dans un Pyrex qui servira à la présentation du plat,

verser 2 cuillères d'huile d'olive et poser les tranches de thon.

Couvrir d'un hachis d'olives noires et vertes, de câpres, de persil, de thym et de poivron vert.

Mouiller de vin blanc et de jus de citron.

Couvrir le plat d'une feuille d'aluminium et le laisser dans un four à 180 °C durant une demi-heure.

THON EN ROUGE

Ingrédients :

Ici les proportions dépendent de la dimension du poêlon dont on dispose : il s'agit d'y placer à plat une ou plusieurs tranches de thon de 3 ou 3,5 cm d'épaisseur bien écaillées (poêlon ou large terrine qui servira de plat de présentation).
belles tomates bien mûres coupées en épaisses tranches
huile d'olive
sel, poivre
feuilles de basilic si on en dispose

Placer les tranches de thon dans leur récipient comme indiqué, les saler, les poivrer et les couvrir d'huile d'olive.

Couper par-dessus les tomates.

Laisser cuire à feu très doux au moins 2 h jusqu'à ce qu'il ne reste plus guère de jus.

Servir ainsi tiré du feu.

Ce plat peut être conservé une semaine, se manger froid ou réchauffé. Bien sûr accompagné de polenta.

LE *FINTO PESCE* DE SILVIO

Voici un plat délicieux, très économique et facile à servir l'été sur une terrasse...

Ingrédients pour 6 personnes :

3 boîtes de thon à l'huile d'olive
3 pommes de terre
2 citrons pressés
2 cuillerées à café de cognac
1/2 verre d'huile d'olive
1/2 verre de câpres
sel, poivre

Préalablement, placer un moule métallique, en forme de poisson, empli d'eau, au réfrigérateur ou au congélateur afin de faciliter ultérieurement le démoulage du pâté.

Mixer tous les ingrédients, verser la pâte dans le moule et replacer au réfrigérateur.

Démouler sur un lit de verdure semé de petites tomates ou toute autre appétissante invention.

RASCASSE AU COURT-BOUILLON COMME À CHIOGGIA

Ingrédients pour 5 personnes :

1,5 l d'eau
2 dl de vin blanc
2 feuilles de laurier
1 bouquet de cerfeuil
1 bouquet de tiges de persil
1 zeste de citron

2 belles rascasses bien nettoyées
sel

Préparer le court-bouillon et le laisser bouillir 15 mn avant d'y plonger les rascasses de 10 à 20 mn selon la grosseur des poissons.

Retirer les poissons, les laisser tiédir et en extraire les chairs en prenant garde de ne point trop les émietter.

Remettre les restes dans le bouillon et le tenir en ébullition jusqu'à ce qu'il se réduise d'un tiers.

Servir les chairs chaudes avec des pommes de terre cuites à la vapeur, accompagnées d'une vinaigrette de citron et d'huile d'olive ou d'une mayonnaise.

VARIANTE AVEC RISOTTO

Filtrer ce bouillon et le laisser frissonner à petit feu.

Hacher finement un oignon, quelques gousses d'ail et les faire dorer dans une cocotte avec un verre d'huile.

Ajouter 5 poignées de riz, mélanger, mouiller d'un demi-verre de vin blanc, mélanger encore jusqu'à absorption.

Prendre soin de retirer encore des déchets des poissons les miettes de chair et les placer sur le riz – ou bien en réserver quelques morceaux plus petits.

Verser tout de suite, et au fur et à mesure de son absorption, le bouillon en mélangeant toujours.

Aux trois quarts de la cuisson, soit 15 mn, ajouter le parmesan râpé, poivrer puis ajouter le persil haché, lier avec une noix de beurre.

Laisser reposer 5 mn avant de servir.

Le jour de l'Ascension, Venise célébrait en grande pompe les épousailles du doge et de la mer. C'était la Festa della Sensa, l'Ascension en dialecte vénète.

Il s'agissait de l'interprétation chrétienne d'un rite venu du plus lointain des âges, action de grâces autant que supplique qui consacrait la puissance maritime de la République.

Cette glorieuse destinée fut interrompue le jour de l'Ascension 1797 qui ne connut point sa Festa della Sensa car les Français entrèrent dans la ville.

Si la mer n'accorde plus de victoires et si les fêtes sont devenues folkloriques, la pêche est toujours prospère au bord de la lagune où la majorité de la population se livre à ses multiples activités.

Partout sur la lagune, on voit flotter de petites barques, qui semblent vissées à leur reflet, avec une tête boucanée de pêcheur dont les semblables sont répartis le long des quais à l'ombre de parasols, guettant le bouchon sautillant sur le remous de leur canal. De jour et de nuit chacun se livre au plaisir ou à la nécessité de la pêche.

LES PETITS POISSONS BLEUS : LE *GO*

Au printemps, on se met à pêcher les petits poissons bleus que l'on appelle le *go (Gobius exanthematosus gibbosus).*

On prépare le *go* de mille façons autour de la lagune, à commencer par un potage des plus simples, un *brodetto,* lequel devient à Grado *boreto.*

Cela se passe à peu près ainsi :

Dans un plat allant au feu – une bonne terrine brune –, ranger les petits poissons les uns contre les autres, saler et ajouter l'eau nécessaire pour couvrir plus ou moins, verser un jet d'huile d'olive et mettre à feu doux.

En fin de cuisson, on peut ajouter une persillade avec de l'ail.

Servir avec de la polenta bien jaune.

Si l'on ajoute un peu plus d'eau dans cette même terrine, passer le bouillon au tamis, le recueillir et en faire la base d'un bon risotto.

Ce qui reste dans la passoire, ajouté à un bouillon de haricots cuits (et pour la moitié moulinés et remis dans le bouillon) avec un peu de riz (50 g par personne soit environ une poignée pour deux personnes) et un nouveau filet d'huile d'olive, devient une soupe délicieuse.

CUISSON DU POISSON COMME À MURANO

Passer le poisson au four avec du sel, de l'huile, un peu d'ail, une feuille de laurier.

Lorsqu'il est doré, l'arroser de vinaigre et le laisser cuire. On peut préparer ainsi tous les poissons y compris le thon.

L'ANGUILLE AU FOUR DE MURANO OU *BISATO SULL'ARA*

L'*ara* est la partie supérieure des fours de verriers qu'à Murano on nomme four de refroidissement.

Dans une large cocotte, disposer une couche de feuilles de laurier sur laquelle on place une ou plusieurs anguilles taillées en morceaux en prenant soin, pour la présentation finale, que les morceaux restent assemblés.

Asperger de sel gris. Ajouter un peu d'eau et couvrir d'une couche de fines tranches de lard.

Laisser cuire à four moyen en surveillant la fonte du lard.

Servir avec de classiques pommes de terre en « robe des champs » peut-être placées dans le même four. Délicieux.

Anguille marinée

Ingrédients pour 8 personnes :

2 kg d'anguilles vivantes
(les choisir de taille moyenne, les faire préparer et laver par le poissonnier ce qui diminue le poids à 1,5 kg environ)
4 verres à moutarde de vinaigre
4 feuilles de laurier

Faire bouillir du vinaigre avec des feuilles de laurier.

Mettre les anguilles à cuire au court-bouillon dans une poissonnière.

Les retirer après quelques instants – les anguilles cuisent très vite – et les immerger encore bouillantes dans le vinaigre où elles se conserveront. On pourra les déguster avec une vinaigrette, accompagnées de petites pommes de terre ou de salade.

1855. Le *Nouveau Guide de Venise* réalisé par Andrea Querini Stampalia recense seize hôtels parmi lesquels l'*Albergo Francese* à San Marco avec son *Café Français* ; l'*Italia* à San Moïse ; *Alla Stella d'Oro* à Santa Maria del Giglio ; *Le Lion Blanc* à San Gregorio avec établissement d'eaux salée et douce ; l'*Albergo Reale* – Hôtel de la Ville, au palais Grassi – possédait aussi un établissement de bains d'eaux et de boues...

Wagner arriva à Venise le 29 août 1858 et, très vite, prit l'habitude de manger des glaces au *Café de la Rotonda* sur la Piazzetta. Chaque matin, Herman Melville dégustait son petit déjeuner au *Florian* qui restait un lieu cosmopolite fréquenté des Vénitiens alors que l'occupant autrichien se cantonnait au *Quadri.* Néanmoins les diverses salles du *Florian* étaient précisément réparties entre étrangers et Vénitiens. Au *Specchi*, dans l'aile napoléonienne des *Procuratie* – qui n'existe plus de nos jours –, fréquentaient les jeunes Italiens nationalistes.

George Sand – en 1834 – trouve dans les caboulots de Venise des exemples aux idées qui lui tiennent le plus à cœur :

« L'absence de chevaux et de voitures dans les rues, et la nécessité pour tous d'aller sur l'eau, contribue beaucoup à l'égalité de manières. Au café tout le monde est assis dehors. Le climat l'ordonne [...]. Un pêcheur de Chioggia appuie ses coudes déguenillés à la même table qu'un grand seigneur.

« Il y a bien des cafés de prédilection pour les élégants, pour les artistes, pour les nobles. Chacun aime à trouver là sa société de tous les soirs, mais dans l'occasion (que la chaleur rend fréquente) on entre dans la première taverne venue, et personne ne songe à critiquer ou même à remarquer une femme de bon ton assise dans un cabaret pour boire une *senata* ou pour manger du poisson frais. »

Je ne crois pas qu'on ait jamais présenté du poisson

frais sur les comptoirs des caboulots, mais bien plutôt, aujourd'hui comme hier, des beignets.

Beignets de fruits de mer ou de petits poissons

Préparer une pâte à beignets sans sucre en remplaçant le lait par du bouillon de poisson.

Immerger les fruits de mer crus et nettoyés – évidemment retirés de leurs coquilles et pour certains alors préalablement ébouillantés – ou des morceaux de poisson bouilli.

Mêler le tout et frire dans l'huile chaude.

Avec cette recette où les fruits de mer deviennent presque des desserts se termine le chapitre des produits de la mer. Ceux-ci pouvaient être savourés aussi bien en entrée qu'à la fin du repas, comme le décrit Casanova à propos des huîtres.

Les livres sont mes seuls vrais amis. Comme des saveurs perdues, je doute que les générations futures retrouvent dans les images ces présences si intimes et émouvantes sur lesquelles j'ai projeté les mouvements, les idées et les sentiments de ma vie. Lorsque, après trois mois de passion partagée, j'ai quitté Casanova – dans la magnifique édition établie pour « Bouquins » par Francis Lacassin –, les larmes me vinrent aux yeux. C'était l'éloignement d'un être cher. Mon ami qui savait si bien vivre – dont la vie fut, et dont il fit, un chef-d'œuvre – connaissait les vertus d'un fin souper : champagne, truffes, huîtres favorisent nos sens et nos appétits. Les Vénitiens expédiaient les huîtres en baril d'eau de mer vers Milan, Rome, Vienne, Budapest. Mon ami Jacques, qui ne lésine sur rien, se trouve donc chez les papes à entreprendre de séduire deux nouvelles colombes, Armelline et Émilie (vol. XII, chap. II), qu'il régale des huîtres les plus cotées, celles de l'arsenal de Venise.

« Nous nous mîmes à table où j'ai appris à ces filles à manger les huîtres en leur donnant l'exemple... En mangeant cinquante huîtres nous vidâmes deux bouteilles de champagne mousseux, qui fit rire ces bonnes filles qui se trouvaient obligées à commettre l'indécente faute du renvoi. »

On décide de réserver des huîtres pour le dessert.

« J'ai fait porter des citrons, une bouteille de rhum, du sucre, une grande jatte et de l'eau chaude, et après avoir fait mettre sur la table les autres cinquante huîtres, j'ai renvoyé le valet. J'ai fait un grand punch que j'ai animé en y versant une bouteille de champagne... Je me suis avisé de prier Émilie de me mettre dans la bouche avec ses propres lèvres une huître... je lui ai mis la coquille à la bouche, je lui ai dit de humer l'eau en gardant l'huître entre ses lèvres... Elle fut enchantée de la délicatesse avec laquelle j'ai pris l'huître de dessus ses lèvres... Avec ce beau jeu, nous mangeâmes toutes les huîtres en vidant toujours des verres de punch. »

On en est aux prémices. Après quelques jours, mon ami conduit de nouveau les novices à l'auberge pour souper et faire progresser ses entreprises.

« Égayés par les huîtres et par le champagne, nous soupâmes délicieusement. Nous eûmes de l'esturgeon et des truffes exquises dont je sentais la délicatesse plus en jouissant de l'appétit voluptueux avec lequel ces filles mangeaient de tout cela, qu'en mangeant moi-même. »

Les jeux deviennent plus intimes :

« Ce fut par hasard qu'une belle huître que je donnai à Émilie, en approchant la coquille de ses lèvres, tomba au milieu de sa gorge ; elle voulait la reprendre, mais je l'ai réclamée de droit, et elle dut céder, se laisser délacer, et me permettre de la recueillir avec mes lèvres du fond où elle était tombée. »

La suite de la scène ne sera pas vraiment le fait du seul hasard.

On ne déguste plus d'huîtres à Venise. Arsène Houssaye, dans son *Voyage à Venise* (1850), vante « les huîtres de l'Arsenal, énormes, grasses, qui ne pourraient se manger à la douzaine ; cuites et assaisonnées aux fines herbes, à la vénitienne, elles forment un mets agréable et digestible ». Cet amateur poussa la passion des huîtres jusqu'à retrouver au Lido Maddalena, maîtresse de lord Byron, devenue marchande d'huîtres.

Pour clore ce chapitre, voici le moment de l'addition décrit par Théophile Gautier [1]. L'auteur vient de dîner chez Ser-Zuane, à San Pietro di Castello où il a dégusté des huîtres de l'Arsenal aux fines herbes, des écrevisses de mer, des soles et muges de Chioggia au court-bouillon, des rougets et sardines frits, le tout arrosé de valpolicella et conegliano. La vieille baise les bras de l'amie de Théophile et présente l'addition : « Écrite sur le fond d'une assiette. Elle montait assez haut, mais nous avions fait un dîner délicat et curieux et, en qualité d'étranger, nous devions payer un tiers de plus qu'un naturel du pays, pour les frais de traduction. »

Il sera intéressant de noter la persistance de cette tradition.

1. *Voyage en Italie*, 1884.

Riz et risottos

Le fameux risi e bisi, *riz aux petits pois. – Le risotto* primavera *de Giuseppe Cipriani. – Demi-frère du* primavera. – Risotto co le zuchete *de Lella. – Risotto à l'anguille. – Risotto de* Romano *à Burano. – Risotto de langoustines et de coquillages. – Risotto de coquillages. – Risotto de crustacés. – Risotto à la mode de Chioggia. – Risotto de langoustines. – Risotto noir du* Danieli. *– Risotto de poissons de rivière. – Riz à la saucisse. – Risotto de saucisses et de foies de volailles. – Trois recettes de risotto aux foies de poulet. – Riz aux raisins. – Risotto aux myrtilles ou aux fraises des bois. – Croustade de restes.*

Avertissement

Je conseille, pour l'ensemble de ces préparations, d'utiliser une cocotte à couvercle, en fonte, en aluminium ou en acier inoxydable, à fond épais. Il s'en trouve de fort belles qui seront placées directement sur la table. Cela permet de tenir prêt le risotto une dizaine de minutes à l'avance – mais pas davantage ! Verser alors, après 16 mn de cuisson, une bonne louche de bouillon et couvrir le plat placé sur une plaque chauffante à feu doux. Malgré ce petit arrangement, je dois insister sur la nécessaire ponctualité des invités !

Le riz arriva en Italie par l'Espagne qui le tenait des Arabes.

L'Italie produit environ 10 000 tonnes de riz par an. Si on se promène dans n'importe quel magasin d'alimentation, on découvre qu'il existe toujours au moins quatre variétés de riz, pour les soupes, les risottos, fin ou extrafin ou encore précuit pour le riz pilaf.

Le riz le plus apprécié provient du Piémont ; les marques Maratelli, Arborio, Curti, semblent jouir de la faveur des cuisinières. Chacune possède son secret de cuisson ! Comme pour les pâtes, une grande quantité d'eau bouillante est nécessaire. Si l'on souhaite voir le riz gonfler, couvrir le récipient d'un torchon plié et, par-dessus, de son couvercle, quelques instants avant de passer le riz.

Lorsqu'il s'agit de risottos les secrets se multiplient ! L'indispensable est un feu vif dès le moment où l'on verse le bouillon sur le riz imbibé de la friture parfumée.

À ce sujet, il faut bien savoir qu'on ne doit jamais ajouter de citron – jus ou zeste – aux bouillons destinés à la préparation d'un risotto de poissons ou de crustacés...

Dans *Éloge du cosmopolitisme*[1], Guy Scarpetta évoque ses rencontres, en 1977, dans une Venise de brouillard, avec les dissidents. Il cite des propos de Brodski dont nous ne saurions mésestimer la portée : « L'avenir aura un visage très impersonnel et bureaucratique [...]. Je crois aux mouvements individuels [...]. » Au sujet des intellectuels européens : « Il y a d'abord cette volonté de conformité à la pensée des masses, cette peur d'être un individu [...]. Je suis un peu effrayé par l'empressement des hommes, en particulier des intellectuels, à rallier un groupe ou un groupement, quel qu'il soit. »

Quelques pages plus avant, Scarpetta décrit un moment léger de bonheur, lors d'un déjeuner à Chinatown :

« Ça parlait chinois, anglais, français et même italien, avec un vieux Chinois de Venise venu chercher des beignets de poisson : nous eûmes avec lui une discussion interminable sur les origines chinoises de la cuisine vénitienne, à travers Marco Polo, l'influence de Shanghai sur les *fegato alla veneziana* et les *scampi fritti*, le lien du *risi e bisi* avec le riz cantonais... Tout cela léger et très gai, dans la lumière étincelante de l'air new-yorkais, très intense et en même temps un peu "à côté", comme si nous étions venus d'une autre planète, comme si nous traversions tout cela par hasard. Je crois n'avoir jamais ressenti à ce point, vertigineux, ce que pouvait être le bonheur de l'exil. »

1. Grasset, 1981.

Le fameux *risi e bisi*, riz aux petits pois

On le dégustait à la table du doge, et, encore aujourd'hui, ce riz aux petits pois constitue le mets traditionnel du déjeuner de la Saint-Marc, le 25 avril – avec les poires et les pommes taillées en dés et cuites ensemble comme dessert.

Il est indispensable d'utiliser des petits pois très frais et très fins dans les proportions suivantes : un tiers de riz, deux tiers de petits pois fraîchement écossés, du jambon, de l'huile, un bon bouillon de viande.

Faire revenir le jambon dans l'huile, y jeter les petits pois jusqu'à ce qu'ils se froissent.

Ajouter le riz, mouiller d'un verre de vin blanc, tourner pour que le riz s'imprègne, à ce moment-là mettre à feu vif et verser le bouillon chaud en tournant de façon qu'il soit absorbé au fur et à mesure qu'on le verse.

Saupoudrer de persil finement haché.

Tourner en fin de cuisson avec une noix de beurre, saler, poivrer, servir chaud.

Le risotto *primavera* de Giuseppe Cipriani

Le préparer avec tous les légumes de saison choisis pour leur fraîcheur ou leur tendreté : petits pois, courgettes, aubergines, champignons, fonds d'artichauts, pointes d'asperges, persil, basilic, poivrons, etc. On utilise là encore le riz du Piémont.

Ingrédients pour 6 personnes :

500 g de riz
1 kg de légumes de saison très frais sauf tomates
1 oignon
1/2 verre d'huile d'olive
1/2 verre de vin blanc
2 l de bouillon de poulet
200 g de parmesan râpé

Tailler chacun des légumes en dés et les cuire séparément au beurre.

Préparer une friture à l'huile d'un émincé d'oignon qu'on mouille d'un peu de vin blanc.

Laisser évaporer et ajouter le riz que l'on porte à cuisson avec du bouillon de poulet bien dégraissé et bien bouillant. Lorsqu'on approche de la cuisson complète, soit après 15 mn, mélanger dans le riz tous les légumes cuits, comme il est dit, et lier avec du parmesan râpé en abondance.

Servir immédiatement.

Remarque : Le fond du risotto doit rester blanc, on n'emploie donc pas la tomate comme légume.

À Venise, le riz est indispensable autant aux tables familiales qu'aux déjeuners élégants. Préparé avec chacun des divers légumes les plus frais, il offre des risottos aux parfums et aux saveurs variant au fil des saisons.

Aux abords de Trévise, au sud de Padoue, le long de la Brenta, dans le Terraglio, autour des villas du XVIIIe siècle qui servaient de décor aux caprices de la villégiature, fleurissent les potagers et les jardins. Chaque semaine, les barques chargées de paniers débordants de fruits et de légumes déversaient leur cargaison aux portes d'eau des palais pour la nourriture des habitants, maîtres et serviteurs : ainsi s'effectuait l'hommage de la campagne à la cité.

Aujourd'hui, au marché du Rialto, le plus prospère de Venise, l'approvisionnement provient des cultures maraîchères des îles de la lagune, plantées depuis un millénaire.

Tous les légumes coupés en petits morceaux servent donc aux risottos : fonds d'artichauts, citrouille, poireaux, asperges, salade rouge de Trévise, endives...

On utilise en général les légumes crus. Les asperges doivent être ébouillantées dans de l'eau salée avant d'être coupées en morceaux.

DEMI-FRÈRE DU *PRIMAVERA*

Ingrédients pour 6 personnes :

Mêmes proportions que pour le primavera

Faire blondir dans un demi-verre d'huile d'olive ou une grosse noix de beurre un oignon haché très fin ou, mieux, râpé.

Lorsque l'oignon est transparent, ajouter les légumes taillés en dés ou très fins lorsqu'il s'agit des artichauts ou des poireaux. Laisser s'attendrir 10 mn puis jeter une poignée de riz par personne. Dès que le riz est imprégné, le mouiller d'un verre de vin blanc sec. Conserver le bouillon de côté en ébullition.

Mettre à feu vif et verser le bouillon à la louche en tournant. Après 17 mn, saler et poivrer, tourner avec une noix de beurre et servir très chaud, parmesan râpé à part.

Risotto co le zuchete de Lella

Raffaella Curiel est la Mademoiselle Chanel d'Italie. Elle crée les tailleurs de quelques-unes des femmes les plus élégantes du monde. Ses collections sont souvent inspirées d'un peintre ou d'un écrivain. Sa collection 2002 présentée au palais Farnèse est un hommage à Victor Hugo : « Ce siècle avait deux ans... » Nous découvrons enfin la robe de mariée de Cosette et elle n'est pas de style *destroy*. Lella connaît aussi tous les secrets des cuisines de Venise. Voici sa recette du risotto aux courgettes.

Ingrédients pour 6 personnes :

une poignée de lardons
ou de ventrèche que l'on fait rissoler
une couenne déjà cuite
un bel oignon émincé
une bonne livre de courgettes,
taillées en petits morceaux
4 ou 5 asperges vertes, un bouquet de persil, quelques
branches d'épinards, le tout haché menu
2 l de bouillon de bœuf ou tout autre
une bonne poignée de riz par convive

Il est temps de dire que, pour tous les risottos, si l'on est contraint, faute d'avoir suffisamment de bouillon, d'utiliser de l'eau, on devra rajouter du beurre dans le même temps. Obligatoire !

Faire roussir ventrèche, lard et oignon. Jeter les verdures hachées et maintenir à feu vif jusqu'à ce que tout prenne un peu de couleur en tournant à la cuillère de bois. Ajouter alors le riz en pluie et mêler, puis ajouter la couenne en morceaux.

Verser le bouillon en tournant à l'habitude comme pour tous les risottos. Saupoudrer de fromage gratté.

RISOTTO À L'ANGUILLE

C'est un plat que l'on savoure en particulier la nuit de Noël. Il y faut : une anguille taillée en morceaux, du citron, du bouillon de bœuf, une feuille de laurier, de l'ail et du persil, le riz, un peu de fromage râpé.

Préparer le *soffrito* avec de l'huile, une gousse d'ail, du persil hachés. Lorsque tout est roussi, jeter les morceaux d'anguille en ajoutant la feuille de laurier et quelques gouttes de citron. Lorsque l'anguille est presque cuite, jeter les poignées de riz puis verser le bouillon. Servir avec le fromage, à peine.

RISOTTO DE *ROMANO* À BURANO

Burano ! Les petites maisons de pêcheurs multicolores, les plaques de marbre aux inscriptions pompeuses au dessus de chaque porte – à croire que Burano est la patrie du Parnasse ! –, les vieilles femmes qui brodent pieusement, assises sur leurs tabourets, les yeux baissés sur leur ouvrage, et partout dans le vent des flots de nappes de dentelles dont un œil lucide quoique débonnaire découvre qu'elles proviennent de Taïwan... Les barques chargées de filets se balancent le long du canal qui conduit à la piazza dominée par le campanile penché, les vitrines de *Romano* – fermé le mardi – laissent admirer la collection de tableaux disposés à touche-touche comme les convives dans la grande salle.

Autrefois on n'y servait qu'à déjeuner, mais aujourd'hui, en saison, on sert aussi à dîner. Les touristes sont devenus plus courageux et s'aventurent le soir fondamenta Nuove pour prendre le 12 qui dessert Torcello et Treporti ; la beauté du coucher de soleil est propice à tous les épanchements...

Ingrédients pour 6 personnes :

500 g de riz
2 l d'eau
1 belle anguille
500 g de goujons
ou de petits poissons bleus
qu'ici on appelle le go
oignon
ail
cerfeuil
parmesan
beurre

Faire bouillir l'anguille avec les poissons et les aromates (on peut aussi bien n'utiliser que l'anguille, ou les petits poissons seulement).

Laisser reposer après cuisson puis passer à l'aide d'un fin tamis en recueillant le bouillon.

Mettre 1 l de ce bouillon sur le feu et le porter à ébullition.

Jeter le riz, laisser cuire en tournant de temps en temps.

Vers sa demi-cuisson, le riz aura absorbé presque tout le bouillon.

Introduire les morceaux d'anguille et les petits poissons.

Ajouter le reste du bouillon maintenu bien chaud en mêlant délicatement.

La cuisson presque terminée, le risotto ayant encore une consistance légèrement fluide, le retirer du feu et y ajouter un bon morceau de beurre et du parmesan râpé.

Servir chaud ou tiède.

Ici, les risottos sont si subtils que Romano Barbaro interdisait formellement que l'on fumât dans son établissement. On frôla l'incident diplomatique lorsque Romano, en despote éclairé, menaça Philippe d'Édimbourg de ne pas lui servir de risotto s'il n'éteignait sa cigarette ! Le prince se soumit.

Sans doute ce vrai collectionneur de bonne peinture souhaitait-il ainsi préserver la fraîcheur de ses toiles...

Un autre grand collectionneur-restaurateur fut Arturo Deana à la célèbre *Colomba* près de San Marco, qui s'intitule aujourd'hui *Locale storico d'Italia*, ce qui pourrait donner à croire qu'il s'agit de Colombo, voisin du théâtre Goldoni où se réunissait l'avant-garde socialiste et que fréquenta le jeune Mussolini.

RISOTTO DE LANGOUSTINES ET DE COQUILLAGES

Ingrédients pour 6 personnes :

500 g de riz
20 langoustines ou grosses crevettes (scampi)
2 l de coquillages et de moules
1/2 verre d'huile d'olive
1 gousse d'ail
100 g de parmesan râpé
1 noix de beurre
poivre, sel
cognac
2 l de bouillon de poulet bien dégraissé

Commencer par faire bouillir les carapaces des crustacés dans le bouillon de volaille.

Frire les coquillages et les moules dans l'huile d'olive en ajoutant une pointe d'ail.

Filtrer le bouillon et le remettre à bouillir pour la cuisson du riz. Ajouter ce bouillon au fur et à mesure que le riz l'absorbe jusqu'aux deux tiers de la cuisson (12 mn environ).

Introduire alors les *scampi* crus et la friture de mollusques, et continuer à mouiller de bouillon jusqu'à la bonne cuisson du riz.

À la fin de la cuisson, ajouter une bonne noix de beurre (50 g pour 6 personnes), poivre, sel, un jet de cognac.

Mélanger encore et servir tiède.

RISOTTO DE COQUILLAGES

Proportions pour 4 personnes :

3 l de coquillages
1 kg de têtes de poissons
1 verre de vin blanc
1 oignon
1/2 verre d'huile d'olive
40 g de beurre (plus 40 g)
1 jus de citron
1 petit bouquet de persil
poivre

Préparer un bouillon de têtes de poissons, avec 2 l d'eau salée.

Laisser bouillir 30 mn, filtrer et conserver bouillant. En même temps, ouvrir les coquillages, préalablement nettoyés à l'eau vinaigrée, en les faisant chauffer dans une casserole avec du vin blanc. Recueillir le jus.

Hacher l'oignon pour le faire blondir très légèrement dans de l'huile d'olive et du beurre. Ajouter les coquillages et leur jus puis le riz et mélanger pour que celui-ci absorbe le liquide.

Mouiller d'un verre de vin blanc qu'on laissera s'évaporer (le verre de vin blanc que l'on ajoute dans chacun de ces risottos de poissons ou de crustacés peut être remplacé par un demi-verre de cognac).

Dès évaporation, verser peu à peu du bouillon comme l'on sait, le feu étant très vif.

Après 15 mn ajouter du jus de citron, du persil haché et poivrer.

Lier d'un bon morceau de beurre en tournant.

Servir chaud.

Risotto de crustacés

On procède de la même façon que ci-dessus avec tous les crustacés dont on dispose. Aux deux tiers de la cuisson du riz – c'est-à-dire environ 12 mn –, ajouter les crustacés entiers s'ils sont petits ou en morceaux pour les plus gros.

Risotto à la mode de Chioggia

Ingrédients pour 6 personnes :

1 kg de petits goujons
huile d'olive
beurre, 1 gousse d'ail
vin blanc
6 poignées de riz

Après avoir écaillé, évidé et soigneusement lavé à l'eau claire et au citron le kilo de poissons, le mettre à frire dans une cocotte avec de l'huile d'olive et un peu d'ail.

Ajouter ensuite 2 l ou 2,5 l d'eau et laisser bouillir environ 20 mn. Passer le tout en faisant en sorte de recueillir le plus de bouillon possible.

Préparer le risotto avec ce bouillon additionné de vin blanc.

En fin de cuisson, lier d'un morceau de beurre et servir après avoir bien mélangé.

RISOTTO DE LANGOUSTINES

Ingrédients pour 5 personnes :

500 g de belles langoustines
1,5 l d'eau
aromates classiques d'un court-bouillon
échalotes
50 g de beurre
1 verre de vin blanc
huile
4 filets d'anchois éventuellement
500 g de riz
cognac
poivre blanc

Après avoir fait bouillir 10 mn les langoustines à l'eau salée, extraire les chairs des carapaces en les ouvrant aux ciseaux de la tête à la queue.

Préparer un bouillon avec les aromates, les restes des langoustines plus quelques crevettes.

Laisser réduire presque d'un tiers.

Hacher quelques échalotes, les mettre à dorer dans le beurre avec 5 cuillères d'huile et les anchois émiettés.

Tourner et ajouter le riz. Mouiller de 1 verre de vin et tourner jusqu'à absorption. Verser peu à peu le bouillon bouillant.

À mi-cuisson (8 mn) ajouter les langoustines entières si elles sont petites, coupées en deux si elles sont grosses. En même temps poivrer et ajouter une noix de beurre. Arroser de 1 cuillère de cognac.

On réalise la même recette avec des squilles ou des crevettes.

Je me suis étonné de découvrir dans la préface d'Alvise Zorzi au livre que son père consacre aux auberges de Venise l'évocation d'un dîner à la *Taverna de la Fenice* où Marcel Proust obligea le gentilhomme vénitien – et Van Dongen ! – à changer trois fois de table à cause des courants d'air. Van Dongen ? Mais il n'avait pas trente ans ? Proust-Van Dongen ? Je ne me suis pas mis sur « le » Painter pour vérifier le fait, pensant au canular que j'ai offert un jour aux duchesses de l'Association France-Italie : j'avais organisé une conférence de Charles Samaran, alors âgé de cent deux ans, sur Casanova en prétendant que l'éminent et sémillant chartiste avait bien connu le célèbre joueur...

D'ailleurs, lorsqu'il s'agit de nos remuants Vénitiens, l'histoire et la géographie offrent bien d'autres raccourcis : Marco Polo, le père de la Malibran rencontrant Da Ponte à New York, etc.

Revenons à Proust. La *Recherche* cite une centaine de fois le nom de Venise, de nombreuses pages y sont consacrées à des descriptions de la ville et des chefs-d'œuvre qu'elle abrite. J'hésite encore aujourd'hui sur le manteau de la légende de sainte Ursule qui servit de modèle à une robe de chambre d'Albertine, mais je ne désespère pas... Les plats mentionnés restent très classiques, j'attendais avec curiosité leur description dans *La Fugitive* : « Plusieurs des palais du Grand Canal étaient transformés en hôtels, et, par goût du changement ou par amabilité pour Mme Sazerat que nous avions retrouvée – la connaissance imprévue et inopportune qu'on rencontre chaque fois qu'on voyage – et que maman avait invitée, nous voulûmes un soir essayer de dîner dans un hôtel qui n'était pas le nôtre et où l'on prétendait que la cuisine était meilleure. Tandis que ma mère payait le gondolier et entrait avec Mme Sazerat dans le salon qu'elle avait retenu, je voulus jeter un coup d'œil sur la grande salle du restaurant aux beaux piliers de marbre et jadis couverte tout entière de fresques, depuis mal restaurées. Deux garçons causaient en un italien que je traduis : "Est-ce que les vieux mangent dans leur chambre ?..." »

Lorsque Mme de Villeparisis et M. de Norpois seront installés à leur table menu en main, nous apprendrons que l'un commande un risotto et l'autre des rougets.

Voici la recette du risotto noir que Proust dégusta au *Danieli*.

RISOTTO NOIR DU *DANIELI*

Ingrédients pour 4 personnes :

500 g de seiches
1 verre de vin blanc
1 pincée de cannelle
du persil haché, 1 oignon
1,5 l de bouillon
sel, poivre
beurre

Nettoyer soigneusement les seiches en supprimant le bec au centre des tentacules, l'os et la poche de noir (en réserver une dans une coupe), tailler les chairs en filaments assez fins et les placer dans une casserole sur le feu avec le jus qui s'est écoulé et du bouillon. Ajouter un peu de cannelle, du persil haché, un verre de vin blanc, sel et poivre.

Laisser mijoter 30 mn avec le couvercle à feu doux ; les seiches sont alors cuites. Ajouter l'oignon haché très fin, laisser s'imprégner.

Placer à feu vif, jeter le riz et verser le bouillon de cuisson des seiches comme dans les autres recettes en maintenant une consistance assez fluide.

Après 15 mn environ, vider dans la préparation le contenu de la poche d'encre réservée.

Poivrer et lier d'une noix de beurre en tournant, ne pas ôter du feu avant 20 mn, servir chaud.

RISOTTO DE POISSONS DE RIVIÈRE

Proportions pour 4 personnes :

1,5 l de court-bouillon fait avec de l'eau,
du laurier, du cerfeuil, du persil, du fenouil
500 g de poissons de rivière
3 oignons hachés
2 cuillères à soupe d'huile d'olive
1 verre de vin blanc
1 noix de beurre, sel et poivre

Cuire le ou les poissons dans un bouillon aromatisé de laurier, cerfeuil, tiges de persil, fenouil... Pas de citron !

Conserver le bouillon (au frais si on ne l'utilise pas tout de suite) après l'avoir passé.

Détacher les chairs des poissons et les mettre à part.

Préparer un hachis abondant d'oignon que l'on fera blondir dans l'huile d'olive.

Ajouter le riz en pluie.

Épicer en mélangeant bien le tout.

Arroser de vin blanc.

Ajouter les morceaux de poisson et, peu à peu, le bouillon que l'on aura remis à bouillir.

Aux deux tiers de la cuisson, lier le tout d'une noix de beurre et d'un fin hachis de persil.

Servir chaud.

Il s'agit là d'une recette « moderne », car les poissons d'eau douce, provenant principalement du lac de Garde, furent interdits par la Sérénissime afin de favoriser les pêcheurs de l'Adriatique.

Pareillement, les faisans, les paons et les poulets d'Inde furent aussi interdits. Les magistrats veillèrent à mettre bon ordre au luxe excessif des banquets : une loi de 1562 alla même jusqu'à réduire les rations de viande. Avant d'assurer un service, les cuisiniers étaient tenus de faire connaître le nom du commanditaire du repas ainsi que le menu. Les officiers avaient le droit de pénétrer dans les cuisines et les salles de banquet pour s'assurer que les lois étaient respectées. Bien sûr, cette minutieuse sévérité ne provoqua que des fraudes. Et des pots-de-vin.

Riz à la saucisse

Ingrédients pour 4 personnes :

4 saucisses à faire cuire au bouillon (c'est-à-dire, en France, les saucisses fumées de Montbéliard qui doivent cuire 35 mn plongées dans une eau en petit bouillon ou encore du « jésus de Morteau »...
1 oignon haché
la moelle de 3 os (s'il s'en retrouve !)
300 g de riz
1 verre de vin blanc
sel, poivre
beurre

Cuire les saucisses en les faisant bouillir dans de l'eau. Les retirer, les réserver à part. Conserver le bouillon.

Durant cette cuisson, faire roussir l'oignon haché avec de la moelle de bœuf, y jeter le riz en pluie, tourner pour laisser absorber la préparation. Mouiller d'un verre de vin blanc. Ajouter le bouillon au fur et à mesure de son absorption toujours en tournant.

À mi-cuisson (8 mn) ajouter les saucisses taillées en tranches de façon à les mêler au riz.

À 17 mn le riz est cuit, éteindre le feu, laisser fondre une noix de beurre, tourner en salant et poivrant.

Servir dans un plat chaud en garnissant de quelques saucisses de plus si on le souhaite.

Risotto de saucisses et de foies de volaille

Ingrédients :

1 oignon
beurre
riz dans la proportion d'une bonne poignée par personne
moelle de bœuf
saucisses et foies de volaille
fromage râpé
sel, poivre

Dans une cocotte avec du beurre, faire roussir un peu d'oignon haché mélangé à de la moelle de bœuf.

Lorsque l'oignon est roux, jeter le riz qui s'imprégnera de la préparation.

Faire cuire à la poêle dans du beurre quelques saucisses et des foies de volaille – de poulet – taillés en petits morceaux.

Les ajouter au riz.

Verser le bouillon au fur et à mesure à la louche.

Aux trois quarts de la cuisson du riz – et même lorsqu'il est presque cuit – saupoudrer largement du fromage râpé.

Servir chaud, les convives ajouteront le sel et le poivre à leur convenance.

Riz avec du foie de poulet

Ingrédients pour 5-6 personnes :

400 g de riz
3 beaux foies de poulet et autant d'autres abats déjà cuits sautés au beurre à la poêle
1/2 oignon
un peu de céleri
huile, beurre
parmesan râpé

Frire le céleri et l'oignon 5 mn dans l'huile et le beurre. Ajouter le riz et les abats coupés en dés.

Mettre à bon feu – comme toujours pour le risotto – et allonger en permanence d'un bon bouillon.

À la fin de la cuisson, enlever du feu – ou baisser le feu au minimum –, saupoudrer avec le parmesan et mélanger fortement pour faire fondre une grosse noix de beurre.

Servir immédiatement.

Risotto aux foies de poulet

Ingrédients pour 6 personnes :

500 g de riz
6 foies de poulet
40 g de beurre + 20 g
1/2 verre de vin blanc
2 oignons hachés
quelques feuilles de sauge
2 l de bouillon de bœuf
1 bouquet de persil haché

Couper les foies en morceaux, les passer rapidement – car autrement ils deviennent durs – à la poêle avec du beurre, de l'oignon haché, de la sauge et le demi-verre de vin blanc ajouté à la fin de la cuisson.

Dans la cocotte, à côté, faire cuire de l'oignon haché avec du beurre – ajouter un peu d'eau pour que l'oignon ne roussisse pas, puis le retirer.

Jeter dans cette cocotte une grosse poignée de riz par personne, tourner 2 mn, mouiller d'un verre de vin puis, peu à peu, verser du bouillon bien bouillant, réalisé avec de la bonne viande de bœuf. Après 10 mn, ajouter les foies ; dans 7 autres minutes le riz est cuit.

Mélanger avec un morceau de beurre et un peu de persil haché, transvaser si nécessaire dans le plat de présentation maintenu très chaud et servir.

RISOTTO DE FOIES À LA VICENTINE

Mêmes ingrédients que pour la recette précédente auxquels on ajoutera :

100 g de petits pois frais écossés
100 g de poitrine fumée détaillée en lardons

Faire roussir des oignons hachés dans un peu de beurre. Préparer un bouillon de poule en portant à ébullition 2,5 l d'eau avec 2 cubes de « poulet », le garder bouillonnant.

Jeter dans la cocotte une poignée de riz par personne, remuer, les grains de riz deviennent transparents, ajouter alors 1 ou 2 louches de bouillon, le riz doit être mouillé mais jamais noyé.

Le bouillon doit être abondant et rester toujours en

ébullition. Parallèlement, faire revenir à la poêle des foies de volaille avec les petits pois frais et les lardons, verser sur le riz 3 mn avant de servir.

Si les invités ne sont pas ponctuels, retirer du feu, mettre un morceau de beurre cru et réchauffer sans remuer 1 ou 2 mn avant de servir ; on peut présenter du parmesan râpé à part ; ne pas l'ajouter sur le plat qui prendrait un goût de réchauffé.

RIZ AUX RAISINS

Ingrédients pour 5 personnes :

5 bonnes poignées de riz
2,5 l de bouillon de bœuf
1 oignon moyen
100 g de raisins secs
1,5 verre de vin blanc
2 cuillères à soupe d'huile d'olive
persil haché
sel et poivre

Faire revenir l'oignon en morceaux avec du persil dans de l'huile d'olive.

Lorsque les morceaux d'oignon sont roussis, les retirer.

Jeter le riz dans l'huile et mouiller de 1/2 verre de vin blanc.

Laisser évaporer et absorber.

Verser alors le bouillon peu à peu.

Dans le même temps, faire bouillir les raisins secs dans 1 verre de vin blanc.

Après 10 mn de cuisson du riz, ajouter ces raisins égouttés.

Continuer à verser le bouillon jusqu'à la fin de la cuisson.

Servir très chaud, bien poivré.

RISOTTO AUX MYRTILLES OU AUX FRAISES DES BOIS

Ingrédients pour 4 personnes :

4 poignées de riz
400 g de fruits
1/2 oignon
1 bonne noix de beurre
2 verres de vin blanc sec
1 l de bouillon de bœuf
sel et poivre

Dans du beurre, faire fondre très peu d'oignon haché fin ; ne pas le laisser roussir et le retirer.

Jeter les fruits dans la casserole et laisser fondre le tout. S'il s'agit de fraises, les couper en morceaux.

Jeter le riz – une poignée par personne. Laisser absorber en tournant. Mouiller de 2 verres de vin sec.

S'il s'agit de myrtilles, utiliser du vin rouge, pour les fraises, du vin blanc ou encore 1 verre de blanc et 1 verre de rouge.

Laisser le riz absorber le vin.

Ajouter peu à peu du bouillon de bœuf maintenu très chaud.

Saler, poivrer.

Servir chaud en entrée comme tous ces risottos.

Celui-ci se pratique depuis l'invention de la « nouvelle cuisine ».

Croustade de restes

Pour conclure, ultime recette de ces risottos, s'il se trouvait qu'on ait eu la main trop large pour les poignées de riz et qu'il reste quelques cuillères de ce mets, les aplatir sur une poêle chaude pour former une galette que l'on fera griller et qui deviendra un croustillant hors-d'œuvre. On peut encore déguster ces restes mêlés à un œuf battu, le tout grillé pareillement à la poêle.

Les viandes

Carpaccio de Giuseppe Cipriani. – Viandes bouillies. – Sauces et moutardes pour les viandes bouillies. – La classique farce de volaille du Veneto. – Bœuf à la grecque. – Canard rôti. – Fougasse aux gratons d'oie. – Pollo in umido. – *Un rôti de veau réconfortant. – Le fricandeau de Remedio. –* Intingolo *ou soupe padouane. – Foie « à l'antique ». – Foie à la vénitienne. – Foie à l'aigre-doux. – Langue salée.*

Carpaccio de Giuseppe Cipriani

Chacun connaît le *Harry's Bar* et la *Locanda Cipriani* de Torcello fondés par Giuseppe Cipriani, ainsi que le célèbre hôtel de la Giudecca aujourd'hui aux mains d'une compagnie anglo-saxonne.

Le temps était maussade le jour de l'assassinat d'Aldo Moro. J'hésitais à me rendre au Lido me baigner. Tony Bouilhet, le sardonique ami, me dit : « Allez donc à la piscine du *Cipriani*, dites que vous êtes le neveu du duc Decazes, il est toujours là, il n'y aura pas de problème !... »

Un merveilleux petit homme en costume gris perle et canotier arpentait le hall alors que je demandais en vain la permission de profiter de la piscine.

Il arriva à l'embarcadère du motoscaphe, où tant de fois je m'étais trouvé avec l'une ou l'autre de mes vieilles amies saluées par un personnel tout en courbettes : « Contessa, Contessa ! », non tant pour elles-mêmes que pour démontrer aux autres clients, en particulier américains, qu'ils avaient le privilège, au *Cipriani*, de côtoyer les représentantes de cette caste mystérieuse et donc fascinante de la société vénitienne. Je pensais qu'il ne manquait à ce personnage que les guêtres claires de l'oncle Picsou ! Chacun des employés s'approchait pour saluer, non plus comme dans Goldoni, c'est-à-dire avec le sentiment de jouer pour vivre ou de vivre en jouant, mais très respectueusement : « Commendatore, Commendatore !... »

L'homme acceptait ces hommages comme s'il eût été dans son rôle naturel d'accorder des bénédictions mais que, dans un accès de sublime modestie, il s'en refusât le geste.

Il vint vers moi. Son œil très vif glissa sur le sac qui contenait mon nécessaire de piscine et où était inscrit *Hôtel Sacher Wien*. Il me dit : « Monsieur ! J'ai assisté à toute la scène ! Je suis désolé ! Je ne peux plus rien faire : je viens de céder l'hôtel à une compagnie américaine... Ces gens ne savent rien ! Mon cœur est blessé, tout est fini : on assassine Aldo Moro et on ne connaît pas M. le duc Decazes ! »

Ainsi fis-je la connaissance de Giuseppe Cipriani.

Comme tous les héros, il écrivit ses mémoires, *L'Angolo dell' Harry's Bar*, publiés chez Rizzoli, où il conte son invention du carpaccio.

Dans les années trente, les médecins avaient ordonné un régime très sévère à la comtesse Nani Mocenigo qui ne pouvait manger de viande cuite. Cipriani eut l'idée du filet de bœuf cru taillé en tranches fines comme du jambon et arrosé de la sauce « universelle » utilisée au *Harry's Bar* autant pour les viandes que pour les poissons et préparée alors devant le client. Cette sauce se composait ainsi : sur une base de mayonnaise, on ajoutait de la Worcester sauce, du ketchup, une goutte de cognac, une goutte de Tabasco, un peu de crème fraîche liquide...

On ne parlait alors à Venise que de l'exposition Carpaccio et il parut à la comtesse et à son amphitryon que les rouges de ces filets de viande provenaient des chefs-d'œuvre qui firent ainsi leur nom.

Plus tard, les sauces furent supprimées de la préparation, et le carpaccio – ou plutôt ses pâles copies – envahit les tables élégantes mélangé à du parmesan émincé en écailles, du céleri ou encore, dans la version à l'estragon, assaisonné d'un filet d'huile d'olive et de jus de citron.

Et si l'on souhaite obtenir un goût moins acide, on remplace le citron par du pamplemousse bien poivré...

Le carpaccio de Giuseppe Cipriani constitue, comme en témoigne son appellation, une œuvre d'art qui ne connaît ni poids ni mesure. Je n'ai pu donner qu'une trame de cette recette devenue une fantaisie et qu'il faut prendre et exécuter comme telle. Le succès sera toujours assuré.

Mais il faut savoir que le filet de bœuf se coupe très finement après qu'on l'a laissé durcir au freezer.

VIANDES BOUILLIES

Commençons par une promenade apéritive et une histoire à couper l'appétit : la vivacité vénitienne se traduit dans le dialecte, souvent fait d'abréviations. San Stae est Saint-Eustache, San Zan Degolà est San Giovanni Decollato. Nous sommes sur le Grand Canal, vers la *salizzada* du Fondaco dei Turchi, près de la Riva di Biaso, de sinistre mémoire gastronomique – si l'on savait ! En 1520, un certain Biagio Cargnio, *luganegher* (charcutier) de son état, y préparait le *sguazzetto* (consommé soigneusement mitonné) avec la chair d'enfants qu'il trucidait. Une phalange découverte par une pratique mit fin aux crimes affreux. Après qu'on lui eut coupé les mains, il fut lié à la queue d'un cheval et traîné sur l'échafaud, et on le décapita entre les colonnes de la Piazzetta. Ces horreurs marquèrent à jamais les cannibales malgré eux ainsi que le lieu où elles se déroulèrent.

Ingrédients pour 8 personnes :

6 carottes
2 oignons piqués chacun de 2 clous de girofle
2 branches de céleri
1 petit bouquet de persil
2 feuilles de laurier
1 petit piment rouge
1 poignée de gros sel
1 kg de jarret de bœuf
1 kg de jarret de veau
ou tout autre morceau...

Plonger tous les ingrédients dans un faitout plein d'eau froide.

Porter à ébullition en écumant de temps en temps.

Baisser alors le feu en laissant frissonner.

Couvrir aux trois quarts.

Après 1 h 15, placer un poulet sans ses abats dans le faitout et laisser encore 45 mn.

Dans un autre faitout contenant de l'eau salée et un semblable bouquet, faire cuire pareillement une langue de veau durant 1 h 30.

Ces cuissons peuvent être réalisées à la Cocotte-Minute avec des temps de cuisson réduits de moitié mais il faut pratiquer en plusieurs « épisodes » de façon à écumer au moins deux fois en cours de cuisson.

Placer ces viandes sur un grand plat en les coupant en tranches ou en morceaux et en reconstituant les pièces.

Servir avec une tasse de bouillon recueilli de ces

cuissons, des pommes vapeur et les sauces indiquées ci-après.

Sauces et moutardes pour les viandes bouillies

Sauce à la sardine

Écraser à la fourchette une sardine au sel avec une gousse d'ail hachée, ajouter de l'huile d'olive, du jus de citron et du vinaigre, épaissir avec de la chapelure et du persil haché de façon que la sauce ne soit ni trop épaisse ni trop liquide.

Une autre version de cette recette consiste à écraser 3 sardines au sel avec 2 œufs durs en ajoutant de l'huile d'olive, du poivre, du citron et du vinaigre.

Sauce au raifort

Sur 2 poignées de persil haché mouillées de vinaigre, bien salées avec une pointe de sucre ! – gratter du raifort et ajouter de l'huile.

Sauce poivrée

Hacher des anchois – éventuellement au mixer – avec le foie d'un poulet, du persil, du salami ou de la saucisse, un zeste de citron, une gousse d'ail.

Lorsqu'on obtient une consistance homogène, ajouter de la chapelure très fine.

Verser ensuite cette préparation dans une casserole

où chauffe 1/2 verre d'huile d'olive, saler et ajouter 2 petites cuillères de poivre, le jus d'un citron et 2 cuillères de vinaigre. Lorsque tout se trouve bien amalgamé, la sauce est prête.

Autre version, très forte, de cette sauce

Hacher ensemble 2 oignons, du persil, des câpres et de petits poivrons dans le vinaigre (poivrons pointus et verts achetés en bocal).

Verser la préparation dans une casserole avec 1/2 verre d'huile d'olive chaude. Saler, ajouter 2 petites cuillères de poivre et de la mie de pain trempée dans le vinaigre, essorée et émiettée.

Petite sauce pour napper les blancs de poulet

Délayer dans du bouillon chaud 1/2 cuillère de farine avec de la moutarde et de l'huile d'olive.

Autre sauce blanche piquante

Dans un bouillon, porter à ébullition une poignée de farine blanche en tournant, y ajouter des sardines au sel finement hachées, une noix de beurre, saler, poivrer, parfumer de noix muscade râpée et de clous de girofle, verser le jus d'1/2 citron, laisser bouillonner 5 mn, servir la sauce chaude.

Les voyageurs d'hiver peuvent acheter dans les épiceries du Veneto des bocaux de *mostarda vicentina* ou de *mostarda veneta* contenant cet étonnant mélange de miel, de fruits confits et de moutarde qu'on déguste avec les viandes bouillies, spécialement l'hiver.

Pour les réveillons ou les repas des fêtes de fin d'année, on emploie ce même condiment aussi bien pour les viandes, dont la recette est donnée ci-dessus et que l'on sert parfois à ces occasions, qu'avec le *mascarpone,* fromage très crémeux, que l'on étale sur des tranches du *panettone* bien connu ou de *pan d'oro,* gâteau sec très levé de tradition italienne dont les marques les plus connues sont Bauli et Melegatti, toutes deux de Vérone où est né le *pandoro* – alors que le *panettone* est milanais. On peut encore citer la marque Tre Marie.

Cette « moutarde de Noël » constitue le meilleur exemple salé-sucré. La cuisine vénitienne tient ce goût des Turcs, elle en accommode jusqu'à la traditionnelle polenta qui devient dessert par l'adjonction de sucre, d'œufs, de figues, de raisins secs...

La classique farce de volaille du Veneto

Cette recette, assez facile à réaliser, permet de redonner un peu de saveur aux volailles d'aujourd'hui qui en sont tellement dépourvues.

Hacher ensemble ou tailler au couteau le foie et les autres abats de l'animal, bien nettoyés et revenus dans du beurre.

Placer dans la volaille, avec ces morceaux, des fruits de saison taillés en dés, ou tranchés, ou entiers selon leur grosseur (abricots, grains de raisin, prunes ou pruneaux, ou les excellentissimes grains de grenade...).

Saler, poivrer, parfumer encore de sauge et de romarin.

Si l'on ne dispose pas de fruits, placer avec les abats un citron clouté de girofle.

Lorsque tout est paré, enfourner la bête avec très peu de matière grasse – mi-huile mi-beurre – et laisser cuire selon sa grosseur à feu doux en mouillant à mi-cuisson d'un verre de bon vin rouge.

La cuisson terminée, retirer la farce.

Dans une cassolette, fondre un peu de beurre et y ajouter la farce avec 1 cuillère de moutarde, un peu de cognac, égoutter par-dessus très peu de vinaigre et presser encore le jus d'un citron et le jus d'une grenade si on a la chance d'utiliser les grains d'une grenade pour la farce.

Saler et poivrer.

Au dernier moment, avec une noix de beurre, arroser du jus de cuisson. Servir.

Lorsqu'elle fait emplir un canard de grains de grenade, la marquise de Buzzaccarini l'appelle « canard révolutionnaire » ! Elle m'offrit ce plat en juillet 1989 quand je vins me réfugier à Venise pour fuir les odeurs de frites-merguez du quartier des Tuileries où j'habitais alors. Je profitai à loisir de l'air à peine fétide de la lagune pour glaner quelques nouvelles historiettes – on sait mon goût pour Tallemand des Réaux. Le long du Grand Canal, au bercement du *vaporetto* n° 1, je songeais qu'un siècle plus tôt Venise avait déjà été définie par le marquis de Belleval comme « la Jérusalem des royalistes [1] ».

1. *De Venise à Frohsdorf*, Paris, 1880.

Don Carlo, prétendant d'Espagne, vivait au palais Loredan de San Vio qui abrite aujourd'hui la collection Cini ; en face, près du pont de l'Accademia, le comte de Chambord occupait le palais Cavalli restauré – dans le style riche ! – par le frère d'Arrigo Boïto ; la duchesse de Berry remariée au comte Lucchesi-Palli passait ses hivers au palais Vendramini-Calergi où mourut Wagner. En ces temps, la sémillante et virile duchesse surprenait ses visiteurs par sa très petite taille, sa corpulence et son fort accent italien. Son cuisinier était célèbre ! Sur la même rive, à la Ca' d'Oro, vivait Marie Taglioni...

Tous ces personnages furent à l'origine du tourisme à Venise et d'un regain de prospérité après la misère noire qui caractérisa la fin de la République et l'occupation napoléonienne. Les gondoliers qui conduisaient les visiteurs-pèlerins ou simples mondains vers ces palais prenaient leurs habitudes dans des débits de boissons voisins qui devinrent « trattorias » et dont certaines subsistent encore, telle cette *Osteria del Sior Momolo* au pont de l'Ancoretta, proche du palais de la duchesse de Berry, baptisée aujourd'hui *Da Gigio al Ponte*.

J'allais oublier la duchesse de Parme au palais Giustinian-Lolin. Il serait encore intéressant d'effectuer quelques digressions dans le temps pour retrouver les descendants fidèles à Venise de ces personnages, mais on en ferait un autre livre... J'ai finalement épuisé le sujet, peut-être aussi la patience de mes lecteurs, dans le chapitre de *Venise chronique* intitulé « Duchesses au pied levé ».

Bœuf à la grecque

Les territoires de la République s'étendaient jusqu'aux îles de l'Égée les plus éloignées, dans lesquelles les Vénitiens conservèrent très longtemps des apanages.

Ainsi, chaque année, le grand-père de Vittoria de Buzzaccarini recevait-il en servitude des fraises d'une terre de Corfou.

Les Querini, dont on visite aujourd'hui le palais près de Santa Maria Formosa, après avoir conquis Astipalea s'en estimèrent rois, numérèrent leur nom par génération et lui ajoutèrent Stampalia, d'après leur récent apanage.

Les Grecs ont toujours représenté une importante composante de la population de Venise, à laquelle ils offrirent les produits de leurs îles avec les façons de les accommoder.

Plusieurs furent admis ou entrèrent par mariage dans le patriciat vénitien ; ainsi les Papadopoli, les Téotochi ; d'autres vécurent et moururent à Venise comme la princesse Aspasie de Grèce, surtout connue pour son jardin de la Giudecca, sa beauté et son mauvais œil.

Chacun apporta donc les produits de sa terre et répandit les recettes de sa maison.

Ainsi le bœuf à la grecque, qui permet d'accommoder des viandes dures.

Ingrédients pour 8 personnes :

2 kg d'épaule au maximum
3 gousses d'ail
1 bouquet de romarin
1 bouquet de persil
300 g de raisins de Corinthe
1 verre d'huile d'olive

0,5 l de bouillon de bœuf
ou 3 verres d'eau ou moins de bouillon et,
en plus, 1 verre de vin
éventuellement le jus d'un citron
sel, poivre

Tailler l'épaule de bœuf en morceaux et les placer dans une cocotte assez profonde, en couches, mêlés d'un hachis grossier d'ail, de romarin, de persil, de raisins de Corinthe, sel, poivre.

Asperger du verre d'huile d'olive et du bouillon, de façon que la viande soit immergée.

Couvrir la cocotte. Laisser au four moyen pendant 4 h ou cuire à feu très doux pendant 2 h.

On peut ajouter le jus d'un citron et remplacer un verre d'eau ou de bouillon par un verre de vin.

Il restera beaucoup de jus dont on peut se servir pour accompagner des pommes de terre à la vapeur qui compléteront ce plat idéalement : l'utiliser alors pour réaliser une sauce plus épaisse avec le jus d'un citron et un jaune d'œuf.

CANARD RÔTI

Comme Lunardo et Maurizio dans *Les Rustiques,* tous les personnages de Goldoni ont à l'esprit et à la bouche un désir de rôti !

Le canard rôti constitue le clou du dîner de la fête du Redentore.

Les animaux sont aromatisés de romarin, de sauge, d'oignon, de clous de girofle. Les plus maigres sont habillés de *pancetta* [1] très fine ou lardés de jambon.

1. Poitrine fumée.

Ingrédients pour 6 personnes :

1 beau canard bien nettoyé, extérieur et intérieur,
sans sa tête
2 oignons piqués chacun de 4 clous de girofle
3 oignons hachés
1,5 l de bouillon de volaille où l'on a fait cuire
des légumes mis en réserve
(tous légumes de saison bien égouttés)
1/2 verre de vin blanc
sel, poivre, épices

Saler et épicer l'intérieur du canard, y placer les deux oignons avec leurs clous de girofle, coudre l'ouverture.

Le plonger 1/2 heure dans une marmite de bouillon bouillant où l'on aura fait cuire les légumes de saison égouttés et mis à part ; y laisser l'animal 1/2 heure.

Le retirer et le laisser refroidir.

Alors seulement l'embrocher et le mettre au four.

Placer sous le canard dans une lèchefrite 3 oignons finement hachés, avec les abats et du poivre (laisser cuire sous le canard).

Verser dans la lèchefrite 1/2 verre de vin blanc pour la déglacer.

Arroser de cette sauce le canard jusqu'à la fin de sa cuisson.

Placer le canard dans un plat avec le reste de la sauce chaude, entouré des légumes réservés.

Je ne mentionne que les recettes de volailles d'élevage, délaissant les jolies et savoureuses *selvagine*, le gibier d'eau, dont on admire la chasse sur les lagunes et les canaux dans les tableaux de Piero Longhi et chez d'autres témoins de la Sérénissime – par exemple à la fondation Querini-Stampalia. Ces volatiles connurent une grande faveur, qu'il s'agisse de les capturer ou de les déguster. Je ne sors pas de leur sujet en évoquant l'*osela d'oro* de Venise, monnaie dont l'histoire est comestible : les premiers doges qui bénéficièrent de l'usufruit des vallées de Marano, dans le bas Frioul, étaient tenus d'offrir cinq grèbes à chacun des patriciens participant au vote pour l'élection du Conseil majeur, en décembre. On appelait ces sauvagines les oiseaux *(osele)* sauvages aux pattes rouges.

Un décret du Conseil majeur de 1275 fixe cette obligation. Comme la distribution engendrait des mécontentements, il fut décidé d'assigner à chaque électeur un oiseau gras et un maigre. Ainsi entend-on encore sur les marchés de Vénétie comparer divers animaux : « Un gros et un maigre comme les oiseaux de Marano. » En 1521, du temps du doge Antonio Grimani, la donation en nature fut convertie en argent et on battit spécialement une *osela d'oro* d'une valeur de quatre sequins. Cette pratique subsista jusqu'à la fin de la République. La distribution se faisait le jour de la Sainte-Barbara, lors de l'élection au Conseil majeur. Une dernière question : est-ce de cette pratique que découle l'expression qui, dans le langage de la rue, en France, désigne l'argent par l'« oseille » ?

Fougasse aux grattons d'oie

Dans un coin du quartier de Cannaregio, on fondait le plomb et le fer qui devenaient *getto* (« jets »).

Lorsque, au XIIe siècle, les premiers juifs arrivèrent à Venise, les habitants les acceptèrent et leur attribuèrent ce quartier. Ainsi naquit le premier ghetto de l'histoire et cette dénomination se répandit dans toutes les communautés hébraïques [1].

« Est-ce qu'un juif ne se nourrit pas ? » demande Shylock au IIIe acte du *Marchand de Venise.*

Et en effet, à Venise, de très nombreuses recettes proviennent du Ghetto, comme cette fougasse pour laquelle on utilise les *grigole* ou grattons d'oie.

Ingrédients pour 6 personnes :

500 g de farine
1 sachet de levure
2 œufs
200 g de grattons d'oie
500 g de graisse d'oie (ou gras des grattons)
sel, poivre

Tamiser la farine, mêler un sachet de levure, casser les œufs, les mélanger à la farine.

Introduire les grattons d'oie taillés en dés.

Ajouter un peu de graisse d'oie ou de gras des grattons mis à part, un peu d'eau.

Saler, poivrer.

Pétrir cette pâte et lui donner une forme ronde.

Piquer la surface à l'aide d'une fourchette.

Dessiner une étoile de David.

Passer au four chaud pendant 30 mn.

Si les oies du Capitole eurent leur part dans la grande histoire de Rome, les poules de Padoue nous offrent cette historiette vénitienne : en 1214, à Trévise, à la suite d'une dispute survenue lors d'un tournoi, vingt-cinq jeunes Padouans insultèrent l'emblème de la République. Ils furent châtiés et la

1. Voir Riccardo Calimani, *Le Ghetto de Venise*, Paris, Denoël, 1997.

mémoire de leur forfait fut assurée par la dérision. Chaque année, les Padouans devaient déposer sur la Piazza vingt-cinq poules censées représenter les coqs effrontés. La foule se moquait des volatiles qu'elle déplumait, rôtissait et mangeait.

POLLO IN UMIDO

Ingrédients pour 6 personnes :

un poulet taillé en morceaux
un gros oignon émincé
du beurre et un peu de lard
une branche de céleri
4 carottes en rondelles
100 g de champignons secs
du concentré de tomates et du vin blanc

Préparer un *soffritto* avec l'oignon, le beurre et le lard dans lequel on jette le céleri taillé en morceaux, les carottes et les champignons secs.

Lorsque tout prend un peu de couleur, verser le concentré de tomates en tournant.

Placer les morceaux de poulet et laisser cuire à feu doux ou moyen en mouillant de vin blanc.

Servir avec des tranches de polenta préparée à l'avance.

Un rôti de veau réconfortant

Ingrédients pour 6 personnes :

1,5 kg de quasi (par exemple)
3 gousses d'ail
romarin en poudre
4 filets de hareng coupés en morceaux
1 verre de vin blanc
huile, beurre
sel, poivre

Piquer d'ail le rôti de veau, le saupoudrer de romarin, le parsemer de morceaux de hareng salé, le poivrer.

Le placer au four avec huile et beurre ou cuire à la broche, mouillé de vin.

Saler à convenance, plutôt abondamment.

Ce recueil pouvait être organisé comme les « itinéraires » des guides touristiques puisque les noms des rues de Venise conservent très souvent le souvenir des « troquets » qui les animèrent. On passe souvent dans des « calle della Furatola » : dans les *furatole* on donnait à manger sans boire, il s'agissait de pauvres lieux obscurs – *furabula* pourrait signifier « ténèbre », mais il n'existe pas d'explication précise à cette dénomination. Dans chaque quartier se trouvent plusieurs « calle de la Malvasia » ; dans une *malvasia*, on buvait le vin appelé *malvasia*. La Malvasia de Remedio à Santa Maria Formosa – qui a donné son nom au Ponte del Remedio – intégra sa légende aux rites de la République : la similitude entre *rimedio* (« remède ») et Remedio, propriétaire du débit de vin, procura à l'endroit la réputation d'un pouvoir bénéfique. À leur majorité, les jeunes patriciens, après leur présentation au doge, se rendaient chez Remedio où ils goûtaient une vieille *malvasia* qui leur assurait la plénitude de leur santé.

Sans doute est-ce l'adjonction de vin qui a donné son nom au « fricandeau de Remedio » ?

LE FRICANDEAU DE REMEDIO

Ingrédients pour 8 personnes :

1,5 kg de noix de veau
15 filets d'anchois
15 bâtonnets de jambon cru
3 gousses d'ail et 1/2 oignon hachés
50 g de beurre
1/2 verre d'huile
1 verre de vin rouge ou blanc
2 branches de céleri, 3 carottes moyennes
1 bouquet de persil, 3 feuilles de laurier
le tout haché ensemble assez finement
sel et épices variées : cannelle, girofle en poudre,
noix muscade, coriandre mêlés

Larder abondamment une noix de veau de jambon et de filets d'anchois. La placer dans une cocotte avec du beurre et de l'huile sur le mélange d'ail et d'oignon haché et la faire revenir doucement.

Lorsque la viande paraît bien rôtie, ajouter le hachis assez fin de céleri et de carottes avec quelques feuilles de laurier et le bouquet de persil. Mouiller de vin aussi bien blanc que rouge, laisser réduire en partie.

Couvrir alors à moitié d'eau, saler légèrement et laisser cuire très doucement, la cocotte fermée pendant 1 h, 1 h 30.

Épicer tout aussi légèrement, selon le goût, de cannelle, clou de girofle, noix muscade et coriandre.

Lorsque le rôti est cuit, le trancher puis le napper de la sauce obtenue en tamisant les légumes et assaisonnements et en les passant à la moulinette ou au mixer, leur ajouter le jus de cuisson et lier le tout d'une noix de beurre.

Servir très chaud.

INTINGOLO OU SOUPE PADOUANE

La traduction serait sauce, ou jus. Comme ce plat, plutôt une soupe, est à base de restes de volaille cuite et que le proverbe énonce : « Il n'est de poule que de Padoue », j'invente à cette recette le titre de soupe padouane. Il s'agit d'une recette « pauvre » que l'on improvise avec restes et abats – on utilise ce dont on dispose. La « sauce » sera plus ou moins corsée ou épaisse mais on obtiendra à coup sûr une délicieuse soupe !

Ingrédients :

restes d'un poulet et foies de volaille
taillés en petits morceaux
champignons secs mis au moins une heure
dans l'eau tiède
carottes tranchées en fines rondelles
céleri, oignons, beurre
bon bouillon de viande et pain rassis
(« Bon » signifie assez corsé à l'aide de cubes
de « poule au pot ».)

Notre pain, disposé dans la soupière ou les assiettes des convives, sera mouillé de la préparation suivante :

Dans une cocotte suffisamment creuse, réaliser un *soffritto* à base de beurre et d'oignon finement haché. Le mot évoque déjà le grésillement de la poêle et le parfum léger qui chatouille les narines...

Dès que l'oignon est doré, ajouter les divers ingrédients : restes de poulet, champignons, céleri, rondelles de carotte.

Le tout étant doré et humecté, les carottes attendries, ajouter les foies de volaille en mêlant rapidement afin que ceux-ci se trouvent saisis. Verser alors le bouillon de viande et porter à ébullition une dizaine de minutes.

Saupoudrer abondamment soupière ou assiettes de parmesan.

FOIE « À L'ANTIQUE »

Le mélange du foie et de l'oignon se pratiquait déjà dans l'Antiquité. La cuisine romaine puis byzantine accommodait le foie avec des figues, d'où son nom *jecor ficatum* devenu *fegato.*

Voici, à titre d'introduction, une recette de foie aux figues :

Ingrédients pour 4 personnes :

4 tranches de foie
(pour chacune de ces recettes on peut utiliser aussi bien du foie d'agneau ou de génisse que du foie de veau – ce dernier, aussi coûteux que trop délicat, n'étant pas conseillé pour ce type de recettes)
oignons hachés, pour un même poids que les tranches de foie

figues sèches, pour un poids égal à la moitié
de celui du foie ou de l'oignon
1/2 verre d'huile d'olive
jus de citron et zeste
sel, poivre

Tailler le foie en lamelles et le laisser mariner dans de l'eau vinaigrée.

Hacher finement l'oignon, le plonger dans de l'huile d'olive chaude afin qu'il se flétrisse.

Depuis la veille, faire mariner et gonfler dans de l'eau tiède les figues sèches.

Les tailler en morceaux et les jeter avec le foie dans la friture d'oignon en tournant à feu vif 3 mn environ, durée de la cuisson.

On peut utiliser des figues fraîches pelées et taillées en morceaux, il en faut alors le même poids que de foie.

Le jus d'un citron et son zeste sont bienvenus.

Poivrer.

Foie à la vénitienne

Ingrédients pour 4 personnes :

4 tranches de foie
même poids d'oignons que de foie
eau vinaigrée ou lait
4 cuillères à soupe d'huile d'olive
le jus de 1/2 citron
persil haché
sel, poivre

Tailler le foie en lamelles et le laisser mariner au moins 1 h dans de l'eau vinaigrée (certaines cuisinières préfèrent laisser le foie dans du lait).

Hacher autant d'oignons que le poids de foie et les mettre à mollir et blondir dans de l'huile.

Ajouter alors les lamelles de foie qui seront cuites en 3 mn.

Saler, arroser d'un filet de citron ou de vinaigre et saupoudrer d'un fin hachis de persil, puis poivrer.

Servir avec de la polenta tiède (recette p. 39).

Remarque : Si l'on a mis les lamelles de foie à mariner dans du lait, le vinaigre doit être supprimé, l'oignon sera roussi moitié à l'huile, moitié au beurre. On peut utiliser du foie de veau très tendre et ajouter des raisins secs et des pignes.

Si l'on utilise du foie plus dur, on hache ensemble de l'oignon – pour la moitié du poids du foie utilisé – du persil et quelques aromates : sauge, romarin... On mouille d'un mélange de vin et de vinaigre, on cuit une minute de plus, on épice à son goût – poivre, cannelle, girofle – et l'on sert aussi avec de la polenta.

Foie à l'aigre-doux

En dialecte : *figà garbo e dolze.*

Tailler le foie en tranches longues et fines que l'on passe dans un œuf battu puis dans de la chapelure.

Frire au beurre. Ajouter du jus de citron dans lequel on aura délayé un peu de sucre.

Servir avec un accompagnement de légumes sautés.

Mes amis lecteurs devineront que je cite aussi cette recette pour le plaisir de son titre vénitien. Le plat de *figà garbo e dolze* pourrait figurer sur la table de la scène XV de *Cosí*, où les jolies sœurs se flattent d'être *donne di garbo*, des « femmes chic », dirait-on aujourd'hui de façon approximative. « *Mangiar il fico e non gettare il pomo* », leur recommande Despina : « Manger la figue mais ne pas jeter la pomme. » À Venise, la figue est la *figa* et le foie, la *figà*. Lorsque l'on chante : « *Si lavora e si fatica per la pancia e per la fica* », il s'agit de tout autre chose. À Paris, on dit « la chatte », à Rome, d'une façon très vulgaire, *la sorca*, « le rat ». Le sujet fut cause de l'interruption des relations diplomatiques entre la France et la Perse. À Venise, le mot est devenu compliment : *Che figo !* « Que tu es beau ! » pour un homme ou une chose. *Che figa !* « Qu'elle est belle ! » pour une femme. Cela vient de ce qu'à Venise le sexe féminin représente la perfection.

Langue salée

Cuire une langue de veau ou de bœuf dans un bouillon, la peler pendant qu'elle est encore chaude, la débiter en tranches plus ou moins fines.

Réaliser un mélange de sel, poivre, clous de girofle, cannelle, ail, romarin, sauge, thym, laurier, hachés finement ou pulvérisés.

Saupoudrer abondamment les tranches de langue bien salées avec ce mélange, placer le tout dans une terrine.

Ce plat se conserve plusieurs jours et peut être consommé chaud ou froid. Mais, si l'on souhaite cette conservation, on ne devra pas ajouter d'ail : il faut savoir en effet que l'ail empêche la bonne conservation des préparations.

Pour conclure ce chapitre, je dois indiquer que, dès 1249, la Sérénissime institua un office chargé de veiller à la provenance et au commerce des viandes comestibles. En 1678, trois *provveditori sopra le beccarie* (« contrôleurs des boucheries ») furent encore nommés. À propos de la maladie « de la vache folle », nous venons de constater combien, dans nos démocraties, tout ce qui regarde les usages et habitudes des électeurs est manipulé par les gouvernants avec des précautions coupables. À Venise, à travers les confréries, chacun des métiers vivriers se trouvait très strictement contrôlé et réparti dans la ville, ce qui permettait autant les « rentrées fiscales » que la sécurité alimentaire des consommateurs.

Quelques légumes

Étouffée de citrouille ou de carottes. – Pissenlits de la Brenta. – Fenouils frits à la moelle. – Fonds d'artichauts en hors-d'œuvre. – Fonds d'artichauts en terrine. – Choux à l'étouffée. – Potée de fenouils. – Poireaux aux langoustines. – Carottes ou légumes verts à la juive. – Ratatouille du Redentore. – Salades. – Pasticcio *de Trévise. –* Pasticcio *d'aubergines. – Fleurs de courgettes farcies.*

Dans toutes les villes d'Italie, une place est une place, la *piazza*. À Venise, c'est un *campo* : campo San Polo, Santa Margherita, San Stefano...

San Marco fut *campo* jusqu'à la fin du XIIe siècle !

Les « Vénitiens » du Ier millénaire, sur leurs îlots, devaient se protéger, mais aussi se nourrir : les espaces entre les habitations étaient des champs cultivés, et cette fonction vitale subsiste dans leur appellation.

Aujourd'hui, les trois plus beaux potagers de Venise appartiennent à des couvents. Par vocation, les franciscains cultivent leur jardin à San Francesco della Vigna, au nord de la ville, face à la lagune et au cimetière de San Michele. Un vaste cloître de la Renaissance abrite des carrés d'artichauts, de courgettes, d'oignons, de pommes de terre, de salades, bordés d'oliviers, de lauriers et, bien sûr, de rameaux de vigne – *nomina sunt consequentia rerum !*

La fondamenta della Misericordia, à Santa Fosca, constitue une suggestive promenade à l'abri des circuits touristiques. Des végétations s'échappent de hautes murailles roses qui abritent le jardin des sœurs de la Réparation. Là, quelques âmes de Dieu cultivent l'ail et l'oignon, dont la première propriété est de mettre en fuite les démons – les mauvais sorts ne manquent pas à Venise.

Les verts plateaux des feuilles de citrouille sillonnent un chemin bordé d'herbes médicinales, des lauriers et une treille soutiennent et s'abritent des murs de brique...

La Giudecca comptait encore une cinquantaine de vastes potagers au début du siècle. Il n'en reste plus que le vaste jardin des frères capucins du Redentore. Ceux-ci ont la main verte : lors de ma dernière visite, des oignons aussi gros que des melons parsemaient leurs carrés, entourés de tomates, artichauts, haricots, pommes de terre, à l'ombre des pommiers, pêchers, oliviers, figuiers, rangs de vigne... Le Redentore veille sur le vaste enclos bordé de cyprès au pied desquels se cachent des ruches. La production de légumes et de fruits assure la nourriture quotidienne d'une soixantaine de personnes : frères, novices, pauvres du quartier.

Pour assurer cette abondance les capucins garnissent la lourde guirlande de laurier suspendue au-dessus de la porte du temple, le jour de la fête votive, de bouquets de légumes, de paniers de fruits, de coloquintes aux formes curieusement païennes – réminiscence des cultes antiques de la fécondité ?

Ceux de la mort ont aussi laissé leur petite trace sucrée dans les macarons de couleur que l'on croque à la Toussaint, les *fave* ou *favette dei morti.* Les anciens estimaient en effet que les fèves abritaient les âmes des morts et lisaient sur leurs fleurs les messages funèbres...

Pour faire suite à la description de ces potagers « officiels », ayant « semé » ici et là dans ce recueil – et particulièrement dans ce chapitre – quelques légumineuses histoires de Venise et des alentours, qu'il me soit permis une anecdote plus personnelle :

un jour que j'allais déjeuner dans les montagnes, je pris l'autobus piazzale Roma jusqu'à Trévise puis la correspondance qui se dirige vers les monts Euganéens. Il faisait beau, tout le monde se trouvait d'humeur charmante et devisait légèrement. Aussi nul ne se soucia de l'arrêt prolongé que le chauffeur infligea à ses passagers, à l'ombre d'un petit bois. Chacun pensa que le brave homme avait un besoin à satisfaire. On a beau l'appeler « Capo », on sait bien qu'un chauffeur n'est pas un héros !... L'étranger cravaté recueillait bien autrement l'attention : où pouvais-je bien aller, dans quelle villa, chez quelle comtesse ?

Mais voici que notre homme sortit enfin du bois, un bouquet d'asperges sauvages à la main. On applaudit.

« C'est pour ma femme, l'an dernier à pareille époque nous étions venus un dimanche ici...

– Tiens, tiens, le galant ! Elle est donc jolie ta femme ? Ah ! le printemps !

– Elle aime tellement les asperges sauvages, elle les fait sauter à l'huile et c'est tout !

– Tu lui diras qu'il faut casser un œuf dessus... »

Toutes les mégères voulurent apporter leur grain de sel, et, ce jour-là, à Valdobbiadene, chez Mucci Viansson Ponte, devant la jolie villa accrochée aux vignobles, qui ressemble à un décor pour *Cosí fan tutte*, à l'ombre des parasols en forme de voiles de bateau, nous dégustâmes un étouffé de citrouille et de carottes.

ÉTOUFFÉE DE CITROUILLE OU DE CAROTTES

Ingrédients pour 6 personnes :

4 oignons
2 gousses d'ail
1 bouquet de romarin
800 g de viande taillée en morceaux
(épaule, tendron de veau, gîte de bœuf ou poulet)
1/2 verre d'huile
1 verre de madère ou de vin blanc madérisé
400 g de citrouille précuite et taillée en dés
ou 300 g de carottes râpées « gros »

Faire roussir de l'oignon en grande quantité avec un peu d'ail, du romarin dans 1/2 verre d'huile.

Jeter dans la cocotte le veau ou le bœuf, ou le poulet coupés en petits morceaux. Mouiller avec un verre de vin blanc madérisé – ou de madère.

Ajouter la chair de la citrouille ou les carottes comme il est dit.

Allonger d'un peu de bouillon, couvrir et laisser cuire à feu doux jusqu'à ce que la citrouille ou les carottes soient réduites en purée et la viande très amollie. Poivrer et saler à mi-cuisson.

On appelle ce plat le *stufadin de zuca zala*, l'étouffée de citrouille jaune.

On peut aussi le réaliser avec des petits pois, il faudra alors ajouter du jambon coupé en dés et aromatiser avec de la sauge.

La *zucca, zuca* en dialecte (la citrouille), a inspiré autant de contes en Italie que chez nous. Un jour, j'entendis un brave guide touristique à l'accent romagnol affirmer que les cinq coupoles de San Marco étaient inspirées par la forme des citrouilles. Je ne m'en suis pas mêlé car ces braves ménagères de Bologne, lassées des savants propos de leur cicérone, en revinrent à leurs casseroles et à leur manière de préparer la *zuca*. J'ai le remords de n'être point intervenu pour noter quelques recettes et, en échange, préciser que chacune de ces coupoles porte un nom : Emanuele (au-dessus du maître-autel), Ascencione (la plus importante), Apocalisse (celle de gauche), Sacramento (celle de droite), Pentecoste (au centre, devant les deux dernières). Certains historiens d'art assurent que ces coupoles inspirèrent celles de la mosquée du sultan Hassan au Caire (XIVe siècle) ou celles de la Jama Masjid à Delhi (XVIIe). On sait que le plomb qui les recouvre vient de Byzance, dérobé au cours d'un coup de main nocturne par d'anciens marins de Venise.

Pour en revenir à la gastronomie, la meilleure *zuca* vient de Chioggia.

PISSENLITS DE LA BRENTA

Entre Padoue et Venise coule la Brenta, où se reflètent les façades des grandes villas de villégiature des Vénitiens.

Les parcs, aujourd'hui très amputés et construits d'entrepôts et de « riches » villas modernes, se prolongent en prairies jusqu'à la rivière. Dans ses fossés et sur les talus alentour, on récolte encore à la saison le succulent *radicchio* que l'on peut comparer à nos pissenlits.

L'une des plus proches *ville*, la Malcontenta, édifiée, vers 1555 par Palladio, après la terrible zone industrielle que l'on doit traverser pour l'atteindre, constitue un vrai miracle de beauté. Je conserve en particulier le souvenir d'un dîner donné par Tonci et Barbara Foscari, et où j'accompagnais Annamaria et John Phillips. Sous les immenses voûtes peintes de Zelotti, uniquement éclairées par mille bougies, on ne servit que des légumes et des fritures, dont le fameux *radicchio* cuisiné comme il est dit ci-après. Le somptueux décor, où est représenté le banquet de Philémon et Baucis, dans sa lumière enchanteresse, n'ajoutait rien à la grâce et à l'exquisité des si simples mets.

Ingrédients pour 6 personnes :

1,5 kg de pissenlits soigneusement lavés dans de l'eau vinaigrée et coupés ou largement hachés
lard, jambon cru ou bacon

Les jeter dans une grande casserole d'eau bouillante salée.

Après 2 mn les retirer et les égoutter soigneusement.

Dans une poêle, faire fondre du lard, ou du jambon cru, ou du bacon.

Lorsque la graisse est rendue et les lardons devenus roux, mettre les pissenlits et les laisser quelque 10 mn en les tournant.

Saler, poivrer, saupoudrer éventuellement de coriandre.

Servir dans un plat rond bien chaud en plaçant autour des tranches de polenta grillées au four ou à la poêle avec très peu ou pas de matière grasse.

Fenouils frits à la moelle

Ingrédients pour 6 personnes :

12 fenouils petits ou moyens
40 g de beurre
1/2 verre d'huile
3 os à moelle
0,5 l de bouillon de bœuf
1/2 oignon
fines herbes
noix muscade

Effiler les fenouils, les passer légèrement à la farine pour les frire.

Dans la cocotte ou la poêle, faire revenir de l'oignon dans de l'huile et du beurre, vider par-dessus quelques os à moelle.

Jeter alors les fenouils et les faire revenir rapidement.

Mouiller de bouillon, ajouter un hachis de fines herbes et un peu de noix muscade râpée et laisser cuire pendant 10 à 15 mn.

On peut remplacer le bouillon par du lait.

Le même plat se prépare aussi avec des fonds d'artichauts, des cardes, des topinambours, des pommes de terre...

Les Vénitiens ont utilisé les artichauts en cuisine dès le XVe siècle ; *carciofi* vient du mot arabe *kharshuf.* Pour la Saint-Marc, le 25 avril, une autre tradition culinaire consiste à déguster le premier artichaut, en haut de la tige que l'on taille, ce qui permet de renforcer la plante et de produire de plus nombreux rejets. Ce jeune légume est la *castraura,* tendre et amère, on la consomme crue, à la croque-au-sel ou frite avec des fenouils. L'assemblage entre le légume « châtré » et le fenouil – qui, en Italie, sert à désigner l'homosexuel – relève des associations d'idées inconscientes si lourdes de sens que produisent les rouages édentés des « raisonnements » humains.

Fonds d'artichauts en hors-d'œuvre

Comme on l'a vu dans les recettes des raviolis aux artichauts, les maraîchers, à la saison, taillent les feuilles d'un coup de couteau – presque un numéro de cirque, comme si souvent en cuisine ! Celles-ci s'entassent autour des marchés alors que les fonds valsent avec des quarts de citron dans des bassines d'eau fraîche...

Pour préparer les fonds à la maison, conserver les tiges ainsi que la partie charnue des feuilles pour réaliser un bouillon et l'épaissir encore de ces verdures passées au mixeur. Évidemment, le soir, allongé, le reste de ce bouillon deviendra un risotto.

Faire donc cuire les fonds dans de l'eau vinaigrée ou citronnée, légèrement salée.

Les laisser refroidir et les assaisonner d'un hachis de persil, puis arroser d'un filet d'huile d'olive et poivrer.

Fonds d'artichauts en terrine

Cuisiner les fonds à la poêle avec de l'huile et un hachis de persil.

Saler, poivrer, couvrir d'eau ou de bouillon et laisser

cuire avec un couvercle quelque 10 mn puis sans couvercle jusqu'à ce que le liquide s'évapore.

En début de cuisson, le jus d'un demi-citron est aussi le bienvenu.

CHOUX À L'ÉTOUFFÉE

Ingrédients pour 4 personnes :

3 jeunes choux verts
2 oignons hachés
10 lardons de poitrine fumée
1 cuillère à soupe d'huile
0,5 l de bouillon
sel, poivre

Tailler les choux en lamelles.

Dans une cocotte, mettre de l'oignon haché en abondance avec des lardons et les faire fondre doucement.

Ajouter les choux au hachis d'oignon et de lard et faire revenir le tout.

Mouiller de quelques verres de bouillon. Saler, poivrer.

Couvrir tout d'abord puis continuer la cuisson à découvert jusqu'à ce que les choux se flétrissent et laisser cuire à feu doux en tournant avec une cuillère en bois de temps en temps de façon que les choux n'attachent pas et deviennent bien tendres.

Il s'agit là d'un plat « rustique », on doit le servir dans son plat de cuisson garni de saucisses ou encore comme garniture de viandes bouillies, spécialement du poulet.

Potée de fenouils

Ingrédients pour 4 personnes :

4 à 6 fenouils selon leur grosseur
2 oignons hachés
1 cuillère à soupe d'huile
1 noix de beurre
2 verres de jus de cuisson des fenouils
1 poignée de persil et d'aneth hachés
sel, poivre
une pointe de muscade

Plonger les fenouils taillés en 4 ou 8 selon leur grosseur dans un bouillon, les y laisser quelques minutes jusqu'à mi-cuisson. Les retirer, les égoutter et les passer légèrement à la farine.

Dans une poêle, faire fondre en douceur les oignons hachés dans l'huile et le beurre, ajouter les morceaux de fenouil et faire revenir rapidement le tout. Mouiller avec 2 verres de jus de cuisson des fenouils, ajouter un peu de persil et d'aneth hachés, une pointe de muscade et laisser cuire à peine 15 mn jusqu'à ce que les fenouils soient tendres.

Tous les légumes se préparent en potée. La base est constituée d'oignons hachés, roussis à l'huile et au beurre avec du lard ou du bacon...

Couvrir de persil haché, saler, poivrer. Il faut tailler les pommes de terre en dés, les carottes en rondelles, etc.

Poireaux aux langoustines

On doit utiliser des langoustines fraîches !

Il faut compter au moins 4 langoustines par personne.

Les ouvrir avec une fourchette le long de la carapace et les émincer à l'aide d'un couteau effilé dans le sens de la longueur.

Les mêler à un fin hachis de poireaux et d'oignon ; mettre l'oignon 1 h dans un récipient d'eau puis l'essuyer avant de le hacher.

Assaisonner d'huile d'olive, de citron, saler, poivrer, laisser mariner au frais 1 h ou plus avant de servir.

Il s'agit là d'un plat de la « nouvelle cuisine vénitienne ».

Si l'on préfère les mets cuits, il suffira de plonger 1 mn dans un bouillon la préparation de hachis d'oignon et de poireaux avec les langoustines, puis de les retirer et de les assaisonner, comme indiqué ci-dessus, sur le plat de présentation.

Carottes ou légumes verts à la juive

Pour 6 personnes, roussir à l'huile ou à la graisse d'oie 1,5 kg de carottes nouvelles taillées en lamelles assez épaisses.

Lorsque les carottes sont attendries, ajouter 3 poignées de raisins secs et 2 poignées de pignes de pin préalablement passées à la poêle avec un peu de vin rouge ou blanc.

Saler, poivrer et arroser d'un filet de vinaigre.

Laisser au chaud jusqu'au moment de servir.

La même recette peut devenir sucrée : il suffit

d'ajouter à la surface du plat une cuillère rase de sucre qu'on laissera caraméliser.

On peut encore réaliser le même plat avec des épinards cuits au beurre que l'on parfumera de coriandre avant de servir.

Ratatouille du Redentore

Le Redentore est la fête de la Giudecca, le troisième dimanche de juillet.

Ces réjouissances commémorent la peste de 1576 qui détermina le Sénat à commander à Palladio ce monument votif pour l'île de la Giudecca.

Nous avons déjà évoqué la dent plus petite qui, sur le *ferro* des gondoles, symbolise la Giudecca, où les petites maisons de pêcheurs, les monastères et les palais se trouvaient autrefois entourés de jardins potagers suffisant aux besoins des insulaires.

Les réjouissances de juillet imposent l'utilisation de produits maraîchers en un plat quasiment sacré : la *peperonata.*

Ingrédients pour 6 personnes :

500 g d'oignons
1 kg de poivrons verts, rouges et jaunes
1 kg d'aubergines
(promues dans la cuisine vénitienne
par les habitants du Ghetto depuis le XVIIIe *siècle)*
1 kg de tomates
1/2 verre d'huile d'olive
sel, poivre

Tailler en morceaux ou trancher les légumes.

Placer à feu doux dans une large casserole avec 1/2 verre d'huile d'olive.

Saler, poivrer.

Remuer de temps en temps.

Laisser cuire jusqu'à ce que le jus s'évapore – environ 45 mn, les premières 20 mn avec couvercle afin que tous les légumes se fondent. 10 mn avant d'éteindre le feu, saupoudrer d'un hachis de persil et de menthe.

Plus récemment on ajoute des olives noires et des câpres à la ratatouille. Cette recette se consomme chaude, froide, ou, mieux, tiède.

SALADES

Les étalages de primeurs du Veneto offrent une palette de verts, de jaunes et de rouges bien dignes du drapeau italien.

Mais, qu'il s'agisse de l'amère *ruccola,* du tendre *radicchietto,* de l'éclatant *radicchio* de Chioggia, des côtes blanches lisérées de violet de la *trevisana* – particulièrement rare et appréciée et qui n'a rien à voir avec les salades rouges vendues ailleurs sous ce vocable –, aucune de ces salades ne se trouve ailleurs qu'en Italie.

Nous signalerons seulement la façon particulière d'assaisonner les salades amères à l'aide du reste froid d'une soupe de haricots allongé d'un peu d'huile et bien poivré.

Pasticcio de Trévise

Je répète que le *radicchio* de Trévise avec lequel on prépare cette potée n'est pas la chicorée rouge que l'on trouve sur nos marchés, et je doute que le vrai *radicchio* ait du succès auprès des chalands, tant il s'agit de maigres côtes terminées par très peu de feuillage rosé. Mais leur goût est incomparable. Depuis quelques années, ces côtes, recherchées par les amateurs, sont présentées par quelques maraîchers. Aussi, devançant leur vogue, voici la recette de cette potée.

Trois épisodes sont nécessaires : la préparation des lasagnes, classique ; celle de la béchamel, celle du *pasticcio* enfin. Ce plat, comme le suivant, peut être préparé à l'avance. Sa cuisson s'effectuera en deux fois. Après le premier épisode de cuisson, refroidi, il sera placé en attente au réfrigérateur.

Ingrédients pour 6/8 personnes :

1,5 kg de radicchio *bien lavé (je n'ose conseiller, comme pour une recette précédente, d'utiliser le pissenlit mais on peut essayer)*
2 oignons émincés
1/2 verre d'huile d'olive
sel, poivre
sauche béchamel.

La béchamel sera réalisée avec 1 l de lait, 2 pincées de levure, 5 de noix muscade râpée, de la grana ou du parmesan en poudre. On devra obtenir une préparation veloutée.

On aura utilisé 500 g de lasagnes ébouillantées et prêtes à être accommodées.

Dans une cocotte faire dorer l'oignon dans l'huile d'olive. Ajouter alors la salade. Saler, poivrer.

Laisser évaporer l'eau ou supprimer le surplus de liquide.

Verser alors la béchamel dans la cocotte en en réservant deux louches pour le final.

Mêler le tout, feu éteint.

Disposer les lasagnes dans un plat bien beurré allant au four. Alterner une couche de lasagne, une couche de préparation saupoudrée de grana ou de parmesan, autant qu'on dispose de produits. Terminer par une couche de préparation qu'on couvre de béchamel, beurre et grana.

Placer à four chaud 20 mn si l'on réalise la préparation en deux fois. On remettra au four 20 mn une seconde fois avant de servir.

Le *pasticcio* se déguste chaud ou tiède.

PASTICCIO D'AUBERGINES

Ingrédients pour 6 personnes :

450 g de pâte brisée ou feuilletée
200 g de lasagnes aux œufs
2 belles aubergines
farine, huile, œufs durs, sauce tomate, basilic, sel,
parmesan râpé, mozzarelle
sauce béchamel

Tailler les aubergines en tranches. Saupoudrer de gros sel afin qu'elles dégorgent, les égoutter à la passoire, les enfariner pour les frire à l'huile.

Vider cette friture sur un papier épongeant le gras.

Placer un papier d'aluminium dans une large poêle ou cocotte pour y étaler la pâte débordante qui servira d'enveloppe au *pasticcio*.

Napper de béchamel, puis d'une couche d'aubergines. Verser la sauce tomate et placer les œufs durs taillés en quartiers. Parsemer de feuilles de basilic, de tranches de mozzarelle et saupoudrer de parmesan râpé.

Superposer les couches : lasagnes, béchamel, parmesan, mozzarelle, œufs jusqu'à la fin des ingrédients. Enfermer le tout dans la pâte en joignant les bords. Rabattre le papier d'aluminium sur le tout.

Placer au four traditionnel préchauffé, réglé sur 6 (200 °C) quelque 30 mn.

Laisser reposer avant de servir. Comme pour la préparation précédente, on peut procéder en deux fois. On effectuera alors une première cuisson de 20 mn, puis une seconde d'autant le jour le la dégustation.

FLEURS DE COURGETTES FARCIES

Plus que partout en Italie, les fleurs deviennent comestibles à Venise. Se procurer (on les trouve sur les marchés parisiens) des fleurs de courgettes sur leur tige ainsi qu'un tube de pâte d'anchois qui donne sa nuance vénitienne à ce mets tout autant japonais que romain. J'indique les proportions indiquées pour un bouquet d'une dizaine de fleurs.

Préparer une pâte à beignets : 1 œuf légèrement battu, 8 cuillerées d'eau glacée, 8 cuillerées de farine, 1 pincée de sel. Laisser quelques heures au réfrigérateur.

Tailler en dés du fromage, par exemple un gruyère doux et gras. Emplir chaque fleur de 4 dés de fromage et de 2 cm de pâte d'anchois.

Immerger une à une les fleurs dans la pâte à beignets, puis dans l'huile bouillante. Quelques secondes suffisent à colorer la pâte. On peut plonger plusieurs fleurs et les recueillir à l'aide d'une passoire mais il faudra les avoir vivement tournées dans leur friture en les prenant par la tige.

On sert immédiatement.

Pour conclure ces histoires légumineuses, je vous invite à quelques promenades dans l'histoire de Venise. Dans l'introduction de ce chapitre, j'évoque les fèves et la croyance que les âmes des morts transmigrent dans les fèves. Ovide décrit ainsi les banquets funèbres au cours desquels les convives effectuent leurs offrandes aux mânes en jetant des fèves par-dessus leur épaule. Cette tradition est toujours observée par les Vénitiens. Le 2 novembre, on distribuait des fèves aux couvents et l'on payait de provision de ces légumineuses ceux des gondoliers qui transportaient gratuitement les religieux d'une rive à l'autre de la ville. Ce mets populaire n'était guère apprécié des palais, aussi se transforma-t-il peu à peu en sucreries qui gagnèrent les faveurs de tous les milieux.

Sachant cela, nous pouvons nous diriger vers la calle, le ponte et la chiesa della Fava. Sortant de la place San Marco par l'arc de l'horloge, on entre dans les élégantes Mercerie. Plus avant, nous voici calle della Fava, puis au pont éponyme pour arriver à l'église Santa Maria Della Fava. L'indispensable Lorenzetti indique que cette appellation viendrait d'une pâtisserie où l'on fabriquait, le jour des Morts, les traditionnelles fèves de sucre.

Tassini, encore plus savant, nous relate une histoire miraculeuse : un marchand de fèves faisait la contrebande du sel qu'il transportait dans des sacs de ce légume. Alors que les terribles contrôleurs des impôts allaient vérifier ses marchandises, le bonhomme implora le secours de la Madone et fut exaucé : pas un grain de sel ne fut retrouvé parmi les fèves. Ainsi la Madone de la Consolation est-elle devenue celle de la Fève.

Le même savant note une troisième version de la dénomination de ces lieux : au ponte della Fava s'était établi un épicier de Ferrare, Francesco Fava, qui obtint en 1306 la citoyenneté vénitienne.

Vous poursuivrez la promenade jusqu'au Rialto, où vous trouverez la fondamenta de l'Erberia. Là arrivaient légumes et fruits depuis les îles ou la terre ferme. Les maraîchers étaient groupés en une confrérie et alimentaient plus de 120 boutiques ou étals.

Les préparations au vinaigre

L'oignon et le vinaigre, le saor. *– Les* sarde in saor *du Redentore. – Foie aux aromates. – Court-bouillon. – Petits oignons à l'aigre-doux. – Aubergines à l'aigre-doux. – Piments à l'aigre-doux. – Haricots au vinaigre comme à Chioggia. – Digression sur les vins du Veneto.*

L'OIGNON ET LE VINAIGRE, LE *SAOR*

La lutte entre Gênes et Venise pour conquérir la suprématie en Orient dura des siècles et culmina à la fin du XIVe par la guerre de Chioggia qui vit la victoire des Vénitiens.

Alors Venise retrouva Chioggia, qui lui fournit une bonne part de ses marins avec lesquels elle pourra lutter contre les Turcs, mais aussi sa nourriture et l'oignon, qui aura sa part de victoires maritimes en évitant aux matelots d'attraper le scorbut.

C'est seulement au XVIIIe siècle que le capitaine Cook, observant la nourriture en mer des Vénitiens, introduisit l'oignon et le vinaigre dans les préparations alimentaires destinées aux marins.

La cuisine de Chioggia reste fidèle à l'oignon et à l'ail alors que la patricienne Venise s'est refusé l'usage de l'ail.

Mais ce n'est pas un hasard si l'été la cuisson à l'oignon et au vinaigre des viandes, des légumes, des poissons, est toujours à l'honneur. Ainsi les *sarde in saor* – sardines à l'aigre – font-elles partie des plats traditionnels que chaque maîtresse de maison ou de bateau doit présenter à ses convives pour la vigile du Redentore, en attendant les magnifiques feux d'artifice qui embrasent le bassin de Saint-Marc.

Ces recettes, réalisées dans des propriétés côtières, offrent l'agrément de hors-d'œuvre ou de plats froids de dernière minute ; il suffit de puiser dans la terrine le mets qui s'y trouve prêt à être dégusté.

Le principe du *saor* est très simple : tous les mets, autant les poissons – les petits entiers, les plus gros en filets – que les viandes et les légumes, peuvent être ainsi préparés. L'ingrédient de base est frit dans une huile abondante puis soigneusement égoutté sur du papier absorbant. Parallèlement, on fait fondre dans du vinaigre une grande quantité d'oignon émincé qui peut avoir été préalablement blondi légèrement à l'huile – on utilise la même huile de friture si l'ingrédient de base ne lui a point laissé son goût. Une variante consiste à mélanger le vinaigre à du vin rouge ou blanc indifféremment. De multiples secrets se greffent sur les recettes de *saor*. Le premier, pour le confort, sera d'utiliser l'oignon de Lésignan qui ne fait pas pleurer.

Cette sauce d'oignon sert à couvrir les mets disposés de couche en couche dans une terrine qu'on laisse reposer au frais quelques jours avant d'y puiser au fur et à mesure des besoins et de l'appétit.

LES *SARDE IN SAOR* DU REDENTORE

Après ce long préambule, il est utile de préciser qu'on ne se lance pas tous les jours dans la préparation des *sarde in saor*, il faut donc prévoir large afin de profiter de ce plat.

Ingrédients indiqués pour assurer la restauration d'une cinquantaine de convives soit, comme il est dit ci-dessus, en hors-d'œuvre, soit en plat principal :

4 kg de sardines préparées par le poissonnier
4 kg d'oignons
1,5 l de vinaigre
250 g de raisins secs
250 g de pignes de pin
4 morceaux de sucre
grains de poivre et baies de genièvre
tranches de citron
feuilles de laurier

Dans une poêle ou une bassine de friture, passer les petites sardines vidées et bien lavées – ou tout autre petit poisson.

Faire blondir le même poids d'oignons finement émincés que de sardines et ajouter en abondance du vinaigre.

Laisser fondre les oignons en tournant.

Jeter un morceau de sucre par grande poêlée d'oignons, une poignée de raisins secs et une poignée de pignes de pin. Lorsque les oignons se trouvent réduits en une espèce de sauce, disposer dans une terrine une couche des sardines frites, la couvrir d'une couche de cette sauce, placer deux feuilles de laurier, des grains de poivre et des baies de genièvre, puis une nouvelle couche de sardines et une nouvelle couche de sauce et ainsi emplir la ou les terrines.

Décorer la surface de tranches de citron et de feuilles de laurier. Laisser quelque 4 ou 5 jours dans un endroit frais ou au réfrigérateur avant de consommer. Ce plat ainsi conservé pourra être utilisé durant plusieurs semaines d'été...

Les maîtresses de maison vénitiennes les plus

raffinées prennent soin que les pignes de pin et raisins secs aient été préalablement passés à la poêle avec un peu de vin.

FOIE AUX AROMATES

Mettre à bouillir 1 h un morceau de foie entier dans une casserole d'eau parfumée des aromates classiques.

Laisser refroidir et tailler le foie en lamelles.

Couvrir d'oignon frit à l'huile puis noyer de vinaigre et de vin – ou de l'un, ou de l'autre.

L'oignon de cette préparation peut être remplacé par de l'ail haché en abondance avec du persil et mêlé à une vinaigrette d'huile d'olive et de vinaigre ou de jus de citron.

Saler et poivrer largement pour consommer froid le lendemain.

COURT-BOUILLON

Le vinaigre a un rôle très important.

Utiliser de l'oignon, un filet d'huile, du sel, et du vinaigre en abondance.

Laisser quelques minutes à feu vif, la casserole couverte puis découverte, le court-bouillon est prêt.

Avec les poissons bleus on utilise le court-bouillon froid en laissant les poissons mariner quelques heures dans le liquide avant de porter à cuisson.

Les sardines, par exemple, sont entières, les plus gros poissons taillés en morceaux ou effilés.

Le thon est ainsi particulièrement savoureux, un

abondant fond d'oignon lui est nécessaire, le servir accompagné d'une sauce tomate cuite aromatisée de persil.

Petits oignons à l'aigre-doux

Peler les oignons ; s'ils sont gros, les tailler dans le sens de la longueur.

Les placer dans un large récipient – type plat en Pyrex – avec 1/2 verre d'huile d'olive.

Verser 1 ou 2 verres de bon vinaigre où l'on aura dilué 1 cuillère de sel et 2 de sucre cristallisé.

Piquer de 4 clous de girofle et poivrer.

Placer au four : lorsque le liquide est absorbé, les oignons sont prêts.

On peut encore ajouter à la fin de la cuisson des raisins secs revenus dans un peu de vinaigre et de vin.

Plat délicieux à consommer autant froid que chaud, qui peut accompagner les viandes froides ou rôties.

Si, comme moi, vous préférez travailler à la poêle ou à la cocotte plutôt qu'au four, vous procéderez ainsi : un peu d'huile d'olive au fond de la poêle, un verre de vinaigre, un verre de vin blanc, un demi-verre de sucre cristallisé. Remplir de petits oignons, couvrir, laisser à feu moyen/doux 30 mn. Ajouter alors une poignée de raisins secs. Laisser gonfler à feu doux une dizaine de minutes.

Aubergines à l'aigre-doux

Dans une grande poêle, ou une bonne cocotte, préparer un *soffritto* : oignons finement émincés dans de l'huile d'olive chaude. Tailler en dés les aubergines – on aura pu, si on le souhaite, les mettre quelques instants à dessaler, mais je ne me complique pas ainsi la vie en cuisine ! Emplir largement la poêle – les aubergines fondent très vite –, saler, poivrer.

Par aubergine, verser 2 cuillerées à soupe de vinaigre blanc et 2 petites cuillerées de sucre cristallisé.

Couvrir et laisser cuire 30 mn à feu doux. De temps en temps, remuer et, si nécessaire, ajouter un peu d'eau vinaigrée.

Piments à l'aigre-doux

Dans une grande poêle ou une cocotte, mettre les piments émincés en quantité, puis, par piment : une gousse d'ail coupée en 4, une cuillerée à soupe de vinaigre, une petite cuillerée de sucre.

À froid, verser de l'huile sur le tout en abondance, couvrir et laisser cuire 30/40 mn à feu doux.

On peut ajouter du vinaigre en cours de cuisson. Si la préparation paraît trop liquide, laisser cuire à découvert.

Je recommande, puisqu'elles se conservent parfaitement et qu'on peut les congeler, de préparer ces recettes en abondance. On les servira comme accompagnement de toutes les viandes. Elles sont excellentes avec le gigot. La classique garniture de haricots bénéficie beaucoup de ce voisinage aigre-doux.

Haricots au vinaigre comme à Chioggia

Cuire des haricots en grains – gros haricots blancs « d'Espagne ». Les conserver assez fermes.

Préparer un « roux » d'ail et d'oignons dans de l'huile, à la poêle.

Lorsque l'oignon est doré, jeter les haricots qu'on laisse roussir en tournant à la spatule, les arroser alors de vinaigre en maintenant à feu vif.

Le vinaigre évaporé, ajouter de la sauce tomate.

Saler, poivrer, laisser le jus épaissir.

Servir froid en hors-d'œuvre.

On voit cette assiette de haricots sur chaque bar, où les clients les piquent à l'aide d'un cure-dent, comme « amuse-gueule », ce qui se dit *cicchetti* ; ces petits bars des coins des rues s'appellent les *baccari* ; les *cicchetti* dans les *baccari* constituent une habitude quasi permanente des Vénitiens, qui consomment avec cela un verre de vin blanc ou rouge, une *ombra* – car ces petits verres se débitaient autrefois sur des carrioles qui, sur les places et dans les rues de la ville, restaient du côté de l'ombre.

Digression sur les vins du Veneto

Les occupants autrichiens prirent l'habitude vénitienne de commander un verre de vin aux comptoirs des *malvasie* et autres *osterie*. Ils ordonnaient, comme s'ils étaient dans leur pays, un *Spritz*. Sans doute la méfiance de l'occupant leur fit-elle juger les vins du Veneto assez traîtres, aussi les allongeaient-ils d'eau. Cela produisit le *Spritz liscio*. Au début du XXe siècle, à l'*Osteria del Calice*, on proposa le vin blanc avec un jet d'eau de Seltz, agrémenté d'un zeste de citron. Le Spritz était né pour un succès jamais démenti à ce jour.

Tout au long de ces pages, nous avons évoqué quelques vins et débits de boissons. L'*ombra*, goûtée à toute heure, est une tradition de Venise qui illustre combien l'histoire du Veneto reste liée à la production et à la consommation du vin.

Déjà au XIVe siècle, Vénitiens et Allemands achetaient le vin dans la région de Trévise. Un dicton de 1330 célèbre les caves de Costoza, près de Vicenza, aménagées dans des grottes toujours dédiées à cette activité :

La maggior novità ch'ivi si pone
Si è il veder lo covol di Costoza
Là dove il vin si conserva e ripone.

(« La nouveauté la plus notable qui existe est de voir les caves de Costoza où le vin se conserve et repose. »)

À Costoza di Longare on a toujours produit du vin. Ainsi, depuis cinq générations, les comtes Da Schio proposent pinot et cabernet dans une grotte proche de leur villa et de leur parc.

Lorsque Liebermann et Losey cherchèrent le plus beau paysage du monde pour tourner *Don Giovanni*, ils choisirent ces Colli Berici qui servent d'écrin aux villas palladiennes, et qui sont appréciés pour leurs traditions artistiques, leur nature et leur art de vivre dont le vin constitue une composante essentielle. Qui ne connaît les soaves blancs des collines alentour de Verone ou les rouges bardolino ou valpolicella ?

Hemingway, arrivé en 1918 dans la région comme volontaire ambulancier, fut blessé dès juillet et évacué à Schio. Là, il fréquenta les *osterie,* comme *Alla Cibarra* – la « mangeaille », de *cibo*, la « nourriture » –, où il s'initia au merlot et aux relations de ses récents faits d'armes – qui devinrent *L'Adieu aux armes.* Plus tard, il séjournera souvent à San Gaetano, chez les Franchetti, dont le patriarche explora l'Afrique. Voisine de la propriété, l'*osteria Da Nico* garde le souvenir de l'écrivain, comme tant d'autres des lagunes de Caorle ou de Marano : *Da Gigi*, *Da Toni*, *Poenta e pesse* – polenta et poisson – de *Da Nane*, rares sites encore intacts du Veneto qui font le décor d'*Au-delà du fleuve et sous les arbres*, écrit à la *Locanda Cipriani* de Torcello. Hemingway racontait les histoires entendues dans ces auberges, comme celle du peintre Italo Squittieri qui dormait avec une poule pour déguster chaque matin un œuf tout frais pondu.

Dans les *osterie* de Venise, suivant l'exemple de notre bourlingueur, chacun jouera à l'amateur éclairé pour ordonner le recioto sec que l'on appelle amarone, ou le classico, rouge plus tendre, ou encore le recioto di soave, blanc doux.

Ces valpolicellas et soaves sont obtenus à base de raisins laissés quelques mois sur des claies où ils se flétrissent et s'amollissent, ce qui concentre le sucre dans les grains.

La province de Vicenza produit aussi les rouges de Breganze et des Colli Berici alors que Valdobbiadene et Conegliano sont les patries des mousseux, spumante et frizzante, comme le cortizze ou le prosecco, si répandus mais rarement d'un niveau de qualité appréciable. Car les si vivaces commerçants vénètes privilégient trop souvent la quantité sur la qualité.

Le plus connu, le prosecco, naquit en 1873, lorsqu'un volontaire garibaldien, Antonio Carpenè, chimiste en relation avec Pasteur, fonda l'école œnologique de Conegliano. Ce vin est toujours perfectionné par la famille Carpenè.

L'amateur de douceurs demandera le blanc torcolato – celui des caves Maculan, de Breganze, maison qui produit aussi un excellent breganze cabernet fratta, rouge.

Puisque j'avance le nom de ce producteur, en voici quelques autres avec celles de leurs étiquettes qui ont mes faveurs : de Venegazzù (à Venegazzù), l'etichetta nera ou le capo di stato ; de Bertani (à Verone), l'amarone ou le soave classico ; de Dal Forno (à Illasi), l'amarone ou le valpolicella superiore ; d'Allegrini (à Fumane di Valpolicella), la poja...

Il en est tant d'autres, excellents, que l'on découvre au hasard de ces villages de la vallée du Piave, autour de Montello ou des collines d'Asolo, où je me rends en autobus depuis Piazzale Roma, promenades que je conte ici et là à propos des recettes que je puis recueillir chez mes bonnes amies. Ainsi, autour de Valdobbiadene : San Giovanni di Bigolino (cherchez la recette des *bigoli*), Nervesa della Battaglia (où l'abbaye produit les crus rosso et prosecco) ; Campodipietra ; ou encore, près de Conegliano, San Vendemiano (saint qui réalise quelques miracles au temps des vendanges)...

On redescend le soir à Venise, où l'on s'essaie à goûter le cru noté, qui sera souvent tiré d'une bonbonne – *vino sfuzo* – et parfois supérieur à celui d'une prétentieuse bouteille. Comme pour tant de choses ici, les fioles vénitiennes sont les premières bouteilles au sujet desquelles existe un document précis : la *Cronique des Veniciens*, de Maistre de Canal, 1268. À cette époque, les bouteilles n'étaient utilisées qu'à Venise et seulement dans les palais où l'on goûtait surtout les malaga, jerez ou madère, alors que le peuple tirait au tonneau les malvasie, marsala ou baccaro. Plus tard, on réalisa les *fiasche*, en verre revêtu de paille, pour le transport du vin.

Mon lecteur sera sans doute intrigué que je termine ce chapitre des préparations au vinaigre par cette digression sur les vins du Veneto. Je lui laisse l'appréciation de ce choix et conclurai sur le sourire de quelques douceurs. L'une du passé, le picolit, comparable à nos sauternes, fut le vin préféré des cours européennes, et l'empereur François II le déclarait le meilleur de tous les vins. On le récoltait à Campeglio, Manzano, Savorgnano del Torre. Peut-être aurait-on dû faire connaître le clinton, plan américain cultivé autour de Citadella, à l'ancien président des États-Unis ? Aujourd'hui, le touriste à Venise se délecte du rare fragolino réalisé après le phylloxera de 1900 avec l'*uva fragola*, elle aussi importée d'Amérique et que l'on cultive toujours autour de Trévise où l'on produit fort peu de cette douceur au goût de fraise mais qui ne vieillit pas, souffre de trop de contrefaçons et fait sourire les amateurs. Ceux-ci prétendent que ces plants américains sont tellement *bruti* que même le phylloxera n'en veut pas !

Je ne dois pas omettre de citer dans cette conclusion le délicat et doux marzemino de Trévise, apte à être dégusté tout au long d'un repas.

Les desserts

Gâteau aux amandes du Florian. – *Chocolat à la Goldoni. – Le chocolat. – Boudin de chocolat. – Pêches glacées. – Pêches glacées, variante simplifiée. – Strudel. – Le strudel de Fiora Gandolfi. – Sabayon. – Sabayon des mariés. – Sabayon, version salée. – Sabayon, autre recette.* – Caramello. – *Tarte à la turque.* – Schizoto *(pâte non levée).* – Gardo *(biscuit de châtaigne). – Beignets de Zamaria. – Friture de citrouille. – Beignets d'oranges et de citrons confits. – De quelques fruits.*

Henri de Régnier, *La Vie vénitienne* (1903) :

« "À 5 heures, sous le Chinois" veut dire que l'on se retrouvera au *Florian,* à ce moment de la journée, sur la banquette de velours rouge, devant la table de marbre où l'on nous servira le punch à l'alkermès ou quelque petit verre de marasquin, puisque la *grappa* est proscrite des cafés "comme il faut" de Venise.

« Il n'en manque pas, à Venise, de ces cafés qui jouent un rôle dans la vie citadine et où beaucoup de Vénitiens passent de longues heures et se font même adresser leur correspondance. C'est sur la place Saint Marc que se trouvent les plus célèbres de ces établissements : le *Florian*, sous les Procuratie Nuove, le *Quadri* sous les Procuratie Vecchie, qui, tous deux, dans la belle saison, installent leurs tables et leurs chaises sur les dalles de la Piazza. À côté du *Quadri,* la pâtisserie *Lavena* accueille ses nombreux clients, tandis que, sur la Piazzetta, sous les arcades de la *Libreria Vecchia*, le café *Aurora* s'ouvre aux consommateurs qui ne lui préfèrent pas le café *Orientale,* situé sur la riva degli Schiavoni, ou le bar de Giacomuzzi au coin de la calle Vallaresso et de la salizzada San Moisè, mais le *Florian,* malgré ces concurrents, demeure le café par excellence, celui où tout bon Vénitien s'assoit plus ou moins souvent et où l'on retrouve encore aujourd'hui un peu de la Venise d'autrefois, non qu'il ressemble à cette charmante *Bottega del Caffè* que peignit Pietro Longhi, où l'on voit une belle dame vénitienne, en sa belle robe de taffetas, un élégant tricorne galamment penché sur l'oreille, déguster le divin breuvage, tandis que, de la porte, un personnage masqué en *tabaro e baüta* lui adresse un salut empressé. »

GÂTEAU AUX AMANDES DU *FLORIAN*

Ingrédients pour 6 personnes :

8 œufs
2 jaunes d'œufs
280 g de sucre
280 g d'amandes moulues
100 g d'amandes effilées ou concassées
70 g de chapelure
1/2 verre de vin blanc
1 pincée de poudre de clou de girofle
quelques gouttes de rhum
le zeste d'un citron

Battre très soigneusement les 10 jaunes d'œufs avec 200 g de sucre. Puis ajouter les amandes moulues, la chapelure ramollie dans le vin blanc – et qui ne devra pas être trop liquide – et enfin les épices.

Monter les blancs en neige, incorporer le reste du sucre en le jetant en pluie et en continuant à battre au fouet jusqu'à obtenir une neige bien compacte.

Avec beaucoup de précautions, l'incorporer à la pâte.

Beurrer et enfariner un moule aux bords détachables, le parsemer d'amandes effilées ou brisées, l'emplir de la préparation et le mettre à four modéré pour environ 1 h.

Le gâteau sera prêt lorsque, piqué d'un brin de bois, celui-ci ne portera plus trace de pâte.

Démouler sur le plat de présentation.

Chocolat à la Goldoni

On disait alors : « Café de tête et chocolat de cul », pour exprimer l'idée que le meilleur café se trouve en haut dans la cafetière à la turque, où la poudre amère stagne dans le fond, alors que le chocolat le plus dense reste bien sûr dans le fond de la chocolatière...

Ingrédients :

0,5 l d'eau
200 g de chocolat noir fondant
50 g de sucre
1 petite cuillère rase de Maïzena, la même de cannelle
une pincée de vanille

Mélanger en portant à ébullition, en tournant avec un fouet.

Laisser bouillir 4 ou 5 mn, ajouter une petite pincée de sel.

Servir bouillant.

Le chocolat

Mélanger le cacao avec le sucre dans l'eau ou le lait bouillant.

Ajouter des épices (de la cannelle). La proportion est de 25 cl d'eau pour 150 g de chocolat.

Préparer ce chocolat à l'avance, faire réchauffer la chocolatière pendant qu'on tourne le liquide.

Pour l'épaissir on ajoutait autrefois une espèce d'amidon.

Boudin de chocolat

Pour 6 personnes, mélanger 5 jaunes d'œufs, 3 cuillères à soupe de sucre, 4 ou 5 cuillères à soupe de farine tamisée.

Ajouter ensuite 200 g de chocolat râpé fondu dans 1 l de lait.

Placer à feu doux en tournant avec un fouet jusqu'à ce que le mélange épaississe et « bouillotte » un peu. Parfumer avec le « ratafia » de son goût.

Verser alors dans un moule légèrement beurré, laisser refroidir et démouler sur un plat pour servir.

Pêches glacées

Ébouillanter de belles pêches se dénoyautant facilement, mûres sans trop, de façon à rester fermes après cuisson. Les peler et les partager en deux. Les dénoyauter. Piler des noix et des amandes, émietter des biscuits aux amandes, ajouter du sucre et un peu de blanc d'œuf battu pour obtenir une sorte de pâte sur laquelle on versera encore un peu de « ratafia » ou de quelque vin de fruit – de pêche ? – comme on en prépare toujours dans les campagnes – vous savez, la vieille servante du dernier curé ou l'institutrice à la retraite qui vous a vu naître...

Farcir les pêches de cette pâte, poudrer de sucre glace, mouiller d'un jus de citron et placer 15 mn dans un four à feu très doux, laisser refroidir et mettre au réfrigérateur jusqu'au moment de servir.

PÊCHES GLACÉES, VARIANTE SIMPLIFIÉE

Procéder de façon semblable mais sans peler les fruits dont les moitiés seront remplies d'une pâte réalisée avec de la confiture de pêches et des brisures de biscuits aux amandes bien mélangées.

Saupoudrer de sucre cristallisé mouillé de vin blanc avec un flocon de beurre sur chaque moitié et passer au four.

Servir tiède ou froid.

Aujourd'hui, Venise devient une ville de migrants de luxe. Comme tout ce monde de marchands d'art – ou de toutes autres denrées –, de collectionneurs et princes de la politique et de la finance n'a pas le temps de se voir à New York, Londres, Genève ou Paris, on se retrouve là pour se délecter de la sensation de faire partie des Élus de la Culture, cette religion dont les célébrations abondent ici avec tous les fastes et les rites propres aux choses sacrées. Je ne sais si les conversations de cette nouvelle population vénitienne méritent de trouver leur écho sous les somptueux plafonds à fresques où elles se déroulent mieux que celles des comtesses rabougries dont ils résonnèrent précédemment. Même si la France n'entretient plus ici le moindre consulat, quelques diplomates, avec plus ou moins de brio, font encore de Venise le lieu de leur retraite. Ainsi peuvent-ils se croire au centre du cosmopolitisme le plus brillant. Mais il ne s'agit plus que d'une de ces douces illusions plaisantes à caresser au moment où les forces et l'ambition, notions indissolublement liées, s'en sont allées. Comme je faisais une remarque dans ce sens désabusé à un grand bourlingueur diplomate, il me répondit : « Oui, vous avez raison, après ma carrière en Amérique latine, Venise est de la tisane... mais encore assez parfumée ! »

Jusqu'à présent aucun de ces personnages retraités n'a laissé son nom à un palais. Lorsque les guides désignent, sur le Grand Canal près du traghetto de San Barnaba, le palazzo dell'Ambasciatore, il s'agit d'un des palais Loredan loué à la fin de la République par le comte Durazzo, dernier ambassadeur impérial à Venise, où il séjourna dix-huit ans. La bonne chère du palais contribua pour beaucoup à la grande réputation des Durazzo. Le chef des cuisines était un Français, Claude de Vigneron, dont les archives de la Sainte Inquisition gardent la trace ! C'était certainement un personnage très sûr de lui et de beaucoup d'entregent qui cherchait à s'attirer les faveurs de plusieurs nobles dames. Les Excellences du Tribunal suprême durent distribuer quelques pourboires aux gondoliers de ces dames pour en savoir davantage. À ce propos – et hors de propos ! – on ne sait pas toujours que le gondolier de proue se nomme *proviere* et celui de poupe *popiere*...

Le galant Français aux cuisines faisait de son mieux pour que la table de l'ambassade fût digne de Joseph II, qui y fut reçu. Les gravures de Canaletto nous montrent les tables des banquets les plus solennels, les hommes avec le masque, les femmes à visage découvert. Ce fut peut-être Ernestine Durazzo, ancienne demoiselle d'honneur de Marie-Thérèse et sans doute nostalgique des pâtisseries viennoises, qui demanda à Vigneron de lui confectionner son strudel, toujours très prisé à Venise sous le nom de *tortion.* Le traité de Campoformio – 1797 – par lequel Napoléon vendit Venise à l'Autriche allait introduire de nouvelles habitudes alimentaires : la bière, la saucisse, le jambon de Prague, le goulasch et surtout l'usage de la pomme de terre – d'où les gnocchis qui, arrosés de beurre, de sucre et de cannelle, devinrent vénitiens.

C'est encore au cours de ces épisodes héroïques de notre histoire de France que se situe la trouvaille, lors de la bataille de Marengo, du poulet à la tomate qui immortalisa autant le cuisinier de Napoléon que la célèbre victoire.

STRUDEL

Ingrédients pour 6 personnes :

400 g de farine
2 œufs
4 cuillères d'huile
50 g de sucre
6 pommes
100 g de raisins secs
100 g de fruits confits
100 g de pignes de pin
100 g de biscuits brisés
40 g de beurre

Préparer la pâte avec la farine, l'huile, les œufs – conserver un blanc – et le sucre.

Étaler cette pâte au rouleau jusqu'à obtenir une fine couche.

Tailler en petits morceaux des pommes pelées, les mélanger à des raisins secs et à des fruits confits (cédrat candi), à des pignes de pin, à des biscuits brisés.

Introduire du beurre dans ce mélange, saupoudrer de sucre et de cannelle.

L'étaler alors sur la feuille de pâte que l'on enroule pour former un serpent à placer dans une tourtière après l'avoir badigeonné de blanc d'œuf battu et de sucre.

Passer au four 30 mn.

Consommer aussi bien froid que tiède, avec ou sans crème.

Le strudel de Fiora Gandolfi

En son palais de San Lio, la cuisine de Fiora est installée dans l'ancienne chapelle. Ma toujours belle amie invente là un monde de lignes et de couleurs qui deviennent objets, vêtements, ou plats savoureux. La tradition est privilégiée lorsqu'elle me reçoit.

Ainsi Fiora juge-t-elle ma recette du strudel trop sommaire. Voici le récit de celui que je la vis me préparer sur sa table de marbre. Nous devions être 7 convives à dîner.

Ingrédients nécessaires pour la pâte :

300 g de farine
2 cuillerées d'huile d'arachide ou de tournesol
1 pincée de sel

Pour la garniture :

2 kg de pommes (reinettes)
100 g d'amandes effilées

100 g de raisins secs
un peu de chapelure
sucre en poudre, cannelle

Faire une pâte souple. La battre très fort sur la table. La rouler en boule sous une casserole tiède, passée sous le robinet d'eau chaude, pour l'y laisser reposer 15 mn.

Pendant ce temps, couper les pommes en lamelles à l'aide d'un robot ménager, mettre à gonfler les raisins secs dans de l'eau chaude et mélanger cannelle et sucre.

La pâte est étirée au rouleau par moitié et placée sur un torchon de lin enneigé de farine. Il s'agit d'obtenir deux surfaces à peu près égales de pâte. Humecter afin de mieux étaler en utilisant seulement les mains pour rendre la pâte la plus fine possible et sans trous. Superposer les deux surfaces de pâte afin d'éviter que l'eau rendue par les pommes produise des croûtes brûlées.

Répartir les pommes, raisins, amandes ; saupoudrer de chapelure et du mélange sucre-cannelle. Étaler le tout, égaliser en réservant un angle sans garniture afin de pouvoir plier le strudel comme une enveloppe.

Enrouler le strudel en s'aidant du torchon et le placer dans un moule bien huilé. Assembler les diverses couches de pâte afin de fermer avec soin les bords du strudel.

Régler le four comme pour une tarte.

Sabayon

Le *zabajon* est le dessert traditionnel de Venise, on le préparait avec du vin de Chypre et on le déguste toujours accompagné des traditionnels *baïcoli,* palettes de biscuit fines et craquantes comparables à des « langues de chat », inventées au XVIIIe siècle par un boulanger du campo Santa Margherita.

Pour 1 personne, battre un jaune d'œuf avec du sucre dans un bol, placer au bain-marie, y ajouter toujours en battant 1/2 verre de vin de Marsala jusqu'à ce que le mélange gonfle.

Servir alors, chaud ou tiède.

SABAYON DES MARIÉS

La recette est perfectionnée pour servir de reconstituant aux fatigues amoureuses des jeunes époux durant leur nuit de noces : ajouter alors de la cannelle, de la noix muscade râpée, du poivre, du gingembre, de la poudre de cantharide, appliquer en surface une feuille d'or (j'en ai rapporté une provision de Mandalay, en Birmanie) !...

La recette classique peut encore s'enrichir de crème Chantilly ; le sabayon se déguste alors froid, toujours accompagné des *baïcoli.*

SABAYON, VERSION SALÉE

Pour 1 personne, battre soigneusement un œuf et une cuillère de sucre dans un petit récipient.

Lorsque le mélange est moussant, ajouter une cuillère de vinaigre et placer à feu doux ou au bain-marie comme un sabayon.

Ajouter quelques câpres.

Déguster aussi bien froid que chaud avec du rôti de porc ou des saucisses bouillies.

SABAYON, AUTRE RECETTE

Ingrédients :

1 œuf par personne
sucre
marsala

Dissoudre le sucre en poudre dans le jaune d'œuf en tournant longtemps ou passer au mixer.

Mouiller avec 2 cuillères de marsala.

Battre le blanc en neige.

Mélanger doucement les deux préparations en prenant garde de ne pas écraser les blancs.

Faire chauffer à feu très doux.

Retirer du feu, très chaud mais non bouillant, et verser dans une tasse.

Consommer tiède à la petite cuillère avec des *baïcoli.*

CARAMELLO

Place Saint-Marc, des petits vieux vendent des fruits caramélisés présentés sur des plateaux suspendus à leur cou par un ruban.

Sur une tige de bois ou une brochette, piquer des pruneaux, des dattes, des grains de raisin frais, des quartiers de mandarine, des cerneaux de noix, des amandes...

Préparer un caramel dans une poêle à feu doux :

dans très peu d'eau, du sucre cristallisé qu'on laisse devenir brun...

Patiemment, effleurer le caramel de la tige de façon à humecter les fruits et laisser refroidir et durcir sur un papier huilé. Présenter ces brochettes côte à côte sur un plateau.

Pâtes et tartes

Un passage fermé de vitrages modernes relie le *Danieli* à son annexe au-dessus du rio parallèle à celui du pont des Soupirs. Un jour, alors que du ponte del Vin j'observais quelque reflet, des touristes stationnèrent près de moi, prêts à toutes les extases. Je murmurai : « Ce pont des Soupirs ! Quelle merveille ! Quelle curiosité ! » Comme une traînée de poudre, la rumeur se répandit et trente braves bougres photographièrent le couloir suspendu.

Tout de même, on peut se tromper à Venise : longtemps j'ai cherché des escaliers dans les « calle dei Scaleteri », alors qu'elles conservent le souvenir des pâtissiers qui débitaient là leurs *scalette,* biscuits faits de pâte à pain, de beurre et de sucre, entortillés en forme d'escaliers. Depuis 966, le sucre était importé de Syrie et d'Égypte et constituait un monopole des Vénitiens qui le raffinaient d'une manière spéciale et en confectionnèrent les premiers gâteaux.

C'est un Portugais, Rodrigo di Marchiano, qui, en 1598, réalisa ici la première raffinerie de sucre. Les raffineries faisaient partie de la confrérie des épiciers en gros.

Dans chaque pâté de maisons ces « calle del Pistor » – rue du boulanger – ou « sottoportigo del Scaleter » – passage du pâtissier – indiquent bien le caractère fermé des divers groupes d'habitations, véritables îlots qui composent la cité.

Chaque nation se concentrait dans un quartier, voire un bâtiment, sorte de caravansérail que l'on appelle *fondaco* où les marchands entreposaient leurs butins. Pour que les affaires soient prospères, ils élevaient une église ou un lieu de culte et cuisinaient les plats traditionnels de leur pays avec les denrées qu'ils trouvaient sur place, ce qui donne les interprétations vénitiennes des cuisines grecque, turque, allemande, juive, qui devinrent des recettes proprement vénitiennes.

TARTE À LA TURQUE

Elle est faite de riz au lait cuit avec du beurre, du sucre, des raisins secs, des amandes et pignes de pin, le tout broyé avec des fruits confits. Préparer une *pasta limpada* avec 500 g de farine, 2 œufs entiers, 100 g de sucre, 2 pincées de sel, 1/2 verre d'huile et de l'eau, pétris jusqu'à obtenir une pâte ferme à tirer au rouleau.

Étendre sur un moule et farcir du mélange, placer le tout à four doux 30 mn.

SCHIZOTO (PÂTE NON LEVÉE)

Ingrédients pour 6 personnes :

500 g de farine
100 g d'huile
3 œufs
70 g de sucre, sel

Il s'agit d'une espèce de fougasse sans levure.

Préparer une pâte avec tous les ingrédients énumérés.

Lui donner une forme ronde de deux doigts d'épaisseur.

Cuire à four moyen jusqu'à ce que le gâteau acquière une belle couleur noisette.

Le servir taillé en morceaux.

Il existe deux autres versions du *schizoto,* une sucrée, l'autre salée.

Version salée : la même chose sans sucre, avec un peu plus de sel et en remplaçant l'huile par 150 g de bacon ou de lard taillés en lamelles ou encore 250 g de lardons.

Aromatiser de romarin roussi dans la friture.

Version sucrée : c'est le *schizoto* classique avec 150 g de miel à la place du sucre, aromatisé de cannelle et parsemé de grains de fenouil.

GARDO (BISCUIT DE CHÂTAIGNE)

On trouve dans les magasins « bio » de la farine de châtaigne qui permettra de réaliser ce biscuit.

Délayer 500 g de farine de châtaigne avec de l'eau, en tournant doucement jusqu'à obtenir une pâte légère, consistante et uniforme. Saler tout aussi légèrement et verser dans une tourtière de 25 cm de diamètre bien huilée.

Répartir quelque 100 g de raisins secs préalablement mis dans de l'eau ou du thé, 2 cuillères de pignes et une cuillère de grains de fenouil.

Tracer sur le tout un filet d'huile, arachide ou tournesol.

Placer dans un four préchauffé, réglé à 190 °C, et laisser dorer 30 mn.

Les fritures

À Venise comme en Chine tout se fait cuire en friture, aussi bien le sucré que le salé.

George Sand nota quelques recettes vénitiennes dont celle des gnocchis que l'on trouve en fac-similé de la main de l'auteur dans *Les Recettes de George Sand*[1]. Comme elle l'observe, les fritures, légères et pétillantes, représentent un peu de l'esprit de Venise[2].

Le friteur le plus célèbre de Venise s'appelait Zamaria. Son enseigne figure dans un tableau de Canaletto : *Qui lavora Zamaria* avec le mot *bigné*...

BEIGNETS DE ZAMARIA

Voici la recette de Zamaria transcrite en 1858.

Préparer une pâte la veille pour la laisser lever pendant la nuit.

Verser dessus un petit verre d'eau-de-vie, une poignée de raisins de Smyrne et pétrir fortement.

Chauffer une grande friteuse d'huile très fine et y jeter des petits morceaux de pâte – que l'on recueillera sur du papier de cuisine. (Indication du transcripteur valable pour toutes les recettes de friture.)

La recette la plus commune consiste à employer de

1. Flammarion, 1988.
2. *Lettres d'un voyageur*.

la pâte à pain (fleur de farine et levure) avec un peu de sucre, aromatisée d'eau-de-vie ou de grains d'anis, à laquelle on ajoute des pignes. Il reste à plonger les morceaux dans la friture.

Une page de Théophile Gautier tirée d'*Italia*[1] nous fournit une excellente introduction à la recette de la friture de citrouille :

« Les anciennes familles ruinées vivent dans la retraite et pauvrement, le propriétaire d'un palais dîne, dans une salle à manger tapissée de tableaux de grands maîtres, d'un plat de polenta, de friture ou de coquillages qu'un valet unique est allé chercher à la taverne... On envoie chercher à ces officines des pâtes, des beignets, des bras de poulpe, des poissons frits... Le friturier, qu'on nous pardonne ce néologisme nécessaire dans un voyage en Italie, est un grand et gros gaillard, pansu, joufflu, espèce d'Hercule obèse, type de Palforio, aux joues écarlates, au nez de perroquet, aux oreilles ornées de boucles, aux luisants cheveux noirs frisés par petites mèches, comme de la peau d'agneau d'Astrakan *[sic]*.

« Il se carre comme un roi sur son trône, ayant derrière lui trois ou quatre rangées de grands plats de cuivre estampés et brillants, pareils à des boucliers antiques pendus au rebord des trirèmes.

« Le marchand de citrouilles, mets dont les Vénitiens sont friands, étale aussi sa denrée par masses qui ressemblent à des pains de cire jaune et qu'il débite en tranches. Une jeune fille, à la fenêtre, fait signe au marchand et descend, au bout d'une ficelle, un panier avec lequel elle remonte un morceau de citrouille proportionné à l'argent qu'elle a descendu. Cette manière commode de s'approvisionner convient à la nonchalance vénitienne. »

1. Hachette, 1860, 3e éd.

On notera que chacun voit les Vénitiens à sa manière : pour George Sand, la vivacité l'emporte – on sait que cette vivacité lui fut source de plaisir – et je crois bien qu'elle est dans le vrai.

FRITURE DE CITROUILLE

Ingrédients pour 4 personnes :

1 belle tranche de citrouille
0,5 l de lait
1 zeste de citron
170 g de farine
5 jaunes d'œufs
1 petit verre de rhum
200 g de raisins secs
sel, cannelle

Couper en petits morceaux une belle tranche de citrouille.

Les disposer sur un torchon pour leur laisser perdre une partie de leur humidité.

Faire bouillir 0,5 l de lait avec un zeste de citron.

Y jeter 170 g de farine avec une pincée de sel.

Tourner à la spatule de bois jusqu'à faire disparaître les grumeaux et obtenir une pâte filante.

Passer la citrouille à la moulinette ou au mixer de façon à obtenir 200 g de purée que l'on incorporera à la pâte encore chaude.

Travailler en tournant et en ajoutant l'un après l'autre 5 jaunes d'œufs.

Faire gonfler dans le rhum 75 g de raisins secs et les incorporer au mélange.

Ajouter une pincée de cannelle.

Séparer des morceaux à la cuillère et les plonger dans une friture d'huile fine chaude.

BEIGNETS D'ORANGES ET DE CITRONS CONFITS

Ingrédients pour 6 personnes :

500 g de farine
4 œufs
2 cuillères de levure dissoute dans du lait tiède
75 g de sucre
1 pincée de sel
1/2 verre de vin
Oranges et citrons confits, zestes râpés

Préparer la pâte et la laisser lever dans un endroit tiède sous un torchon pendant 24 h environ. Mélanger ensuite avec les zestes et les fruits coupés en morceaux.

Séparer des morceaux de pâte à la cuillère et les jeter dans une friture d'huile fine ou de beurre.

On peut se livrer à toutes les interprétations de beignets sur la trame : pâte + alcool + pignes ou amandes + raisins secs revenus à l'alcool, le tout bien incorporé l'un à l'autre, séparé à la petite cuillère et jeté dans une friture.

Ainsi se préparent les friandises que l'on déguste à cinq heures *ora dogale.* Un noble vénitien, me donnant rendez-vous « *Alle cinque, ora dogale* », m'apprit que le doge terminait alors ses audiences et passait à table pour dîner. Les bureaux fermaient et les citadins faisaient leur vrai repas avant d'aller au théâtre, au café, au *casin*...

Au retour, ils soupaient. Auparavant, ils avaient consommé, vers onze heures, une *pasta* légère, la *marenda* ; en Espagne, la *merenda* est le goûter de l'après-midi.

Tel fut le rite des repas de la Sérénissime.

Bien sûr, à chacun d'entre eux, le café est obligatoire : avant Vienne ou Paris, Venise, la première en Occident, posséda sa *bottega del caffè* !

« ... croyez-vous donc, écrit Théophile Gautier[1], qu'il soit indifférent d'apprendre si le café se filtre ou se fait bouillir avec le marc à la mode orientale, à la Florian et à la Costanza ? Ce petit fait du café trouble à la turque ne dit-il pas tout le passé de Venise ?... »

De quelques fruits...

Les marchands de fruits étaient les héros de la fête des Melons. Vers 1400, sous le doge Steno, leur confrérie institua un présent de melons lors de l'avènement du doge. Une procession solennelle se déroulait au mois d'août du campo Santa Maria Formosa au palais ducal. Massiers, musiciens, trompettes et tambours en tête, porteurs d'étendards entourés de jeunes comparses vêtus de tuniques de toile blanche peintes de fleurs et de fruits, précédaient les marchands et récoltants de melons qui déposaient leurs plus beaux fruits aux pieds du doge, dans la salle des Banquets. Là, le doge régalait tout ce monde auquel il offrait encore du fromage, du jambon, de la langue salée – fort prisée et dont on vient de lire la recette –, des *buzzoladi* – ces anneaux de pâte croustillants, pareils à une corde nouée, que l'on confectionne toujours à Chioggia ou Pellestrina. « Tes bras sont durs

1. *Italia, op. cit.*

comme des *bussolai* ! » dit une vieille chanson d'amour. Le tout était arrosé de vin muscat qui faisait avaler aussi discours et compliments officiels.

Au Rialto, sur la rive gauche du Grand Canal, le palais Renaissance des camerlingues, administrateurs de la Justice et du Trésor, abritait les prisons de l'État ainsi que les entrepôts d'oranges. Cette partie du Rialto longeant le palais porte l'appellation de Naranzeria. Aujourd'hui comme hier, les agrumes sont entreposés là mais les prisons de Venise se situent à la Giudecca et près de Piazzale Roma. Je ne doute pas que la première proximité entre les marchands d'oranges et la prison soit à l'origine de l'expression : « Si tu vas en prison, je te porterai des oranges. »

Les abricots, en dialecte, se disent *armellini*, d'Arménie. Les Arméniens importèrent ce fruit des pentes du mont Ararat, que la légende assimile au jardin d'Éden tant il produisait de fruits et autres riches récoltes.

Les Arméniens commercèrent avec Venise dès le XIIIe siècle. Ils s'y établirent deux siècles plus tard après l'ambassade de Caterino Zen en Perse, dont le roi était suzerain d'Arménie. C'est en 1717 que le père Mechitar di Sebaste acheta la concession de l'île de San Lazzaro.

Comme pour les livres de cuisine, dont Venise détient le record des publications, c'est ici, en 1512, que fut imprimé le premier ouvrage en arménien.

Les recettes du banquet futuriste

Exposition coloniale
Paris 1931

Exposition Futurismo
Venise 1985

Communiquées avec l'aimable autorisation
du comte Giovanni Nuvoletti

Mer d'Italie

(Formule de l'aéropeintre futuriste Fillia)

Tranches de tomates et purée d'épinards surmontées de médaillons de poisson, d'une tranche de banane et d'un morceau de poivron rouge.

Canapés aigres-doux

(Recette de Mme Barosi)

Petits canapés beurrés et tartinés de pâte d'anchois avec des tranches de kiwis.

Ultraviril

(Formule du critique d'art futuriste P.A. Saladin)

Langue en gelée garnie de queues de langoustines, de rondelles d'œufs et entourée de fraises. Une langouste grillée est posée sur le tout couronnée de crêtes de coqs...

Riz à l'orange

(Formule de l'aéropeintre futuriste Caviglioni)

Il s'agit d'un risotto agrémenté d'une sauce à base de moelle de bœuf au marsala et au rhum où l'on a fait revenir des écorces d'oranges...

Viandes plastiques

(Formule de Fillia)

Escalopes de veau, disposées en cylindre, farcies de purée de onze différents légumes cuits au beurre et au vin, entourées de saucisses et de dés de poulet rôti.

Veau ivre

(Formule de l'aéropoète Bruno Sanzin)

Viande farcie crue de pommes, noix, pignes de pin dans du champagne cuites au four, parfumées de clous de girofle.

Faisan futuriste

(Formule de l'aéropoète Dott. Pino Masnata)

Faisan farci à la moutarde de Crémone et aux fruits confits accompagné d'une sauce au moscato de Syracuse.

Volcan de veau

(Formule de l'aéropeintre futuriste Caviglioni)

Côtelettes de veau plaquées sur un monticule de marrons cuits avec de petits oignons, le tout recouvert de chocolat en poudre.

Nourritures aériennes

(Formule de Fillia)

Salade d'émincé de fenouils, d'olives noires et de mandarines chinoises.

Bombe à la Marinetti

Glace à l'orange avec des fraises et du cédrat confit.

Pommes simultanées

Pommes au four emplies de miel et de raisins de Corinthe revenus dans l'alcool.

Bibliographie

Bagnasco (Orazio), *Catalogo del fondo italiano e latino delle opere di gastronomia sec.* XIV-XIX, Sorengo-Lugano, Fondation BING, 1994.

Casanova (Giovanni), *Histoire de ma vie*, Paris, Laffont, « Bouquins », 3 vol., 1993.

Cougnet, *Le Plaisir de la table*, Turin, 1903.

Gautier (Théophile), *Voyage en Italie*, Paris, La Boîte à documents, 1997.

Haas (Michel), in *Amoureux fous de Venise*, Paris, Orban, 1985.

Lorenzetti (Giulio), *Venezia e il suo estuario*, Trieste, Lint, 1978.

Maffioli, *La Cucina veneziana*, Padoue, Franco Muzzio, 1985.

Maffioli, *Il Ghiottone veneto*, Milan, 1968.

Molmento (Pompeo), *La Storia di Venezia nella vita privata*, Trieste, 1973.

Régnier (Henri de), *La Vie vénitienne*, Paris, Mercure de France, 1986.

Tassini (Giuseppe), *Curiosità veneziane*, Venise, Filippi, 1990.

100 Ricette di cucina veneziana, Milan, Sonzogno, 1908.

Table des recettes

Les soupes

LA PASTA

LES PRODUITS DE LA MER

RIZ ET RISOTTOS

Les viandes

Quelques légumes

Les préparations au vinaigre

Les desserts

Impression réalisée sur CAMERON par

BUSSIÈRE CAMEDAN IMPRIMERIES

GROUPE CPI

à Saint-Amand-Montrond (Cher)
pour le compte des Éditions Payot & Rivages
en décembre 2001

N° d'impression : 015786/1.
Dépôt légal : décembre 2001.

Imprimé en France